MW00737552

DIE REGIONALEN HERAUSFORDERUNGEN DER KONGOLESISCHEN TUTSI-NATIONALITÄT

Fabrice Asukulu

DIE REGIONALEN HERAUSFORDERUNGEN DER KONGOLESISCHEN TUTSI-NATIONALITÄT

Versuch über die Beziehungen DRK-Ruanda-Uganda

ScienciaScripts

Imprint

Any brand names and product names mentioned in this book are subject to trademark, brand or patent protection and are trademarks or registered trademarks of their respective holders. The use of brand names, product names, common names, trade names, product descriptions etc. even without a particular marking in this work is in no way to be construed to mean that such names may be regarded as unrestricted in respect of trademark and brand protection legislation and could thus be used by anyone.

Cover image: www.ingimage.com

This book is a translation from the original published under ISBN 978-620-3-45083-5.

Publisher:
Sciencia Scripts
is a trademark of
Dodo Books Indian Ocean Ltd. and OmniScriptum S.R.L publishing group

120 High Road, East Finchley, London, N2 9ED, United Kingdom
Str. Armeneasca 28/1, office 1, Chisinau MD-2012, Republic of Moldova, Europe

ISBN: 978-620-5-72069-1

EPIGRAPH

Man kann keine wahren Freunde haben, wenn man keine wahren Feinde hat. Wenn man nicht hasst, was man nicht ist, ist es nicht möglich, zu lieben, was man ist. Diejenigen, die sie verleugnen, verleugnen ihre Familie, ihr Erbe, ihre Kultur, die Rechte, mit denen sie geboren wurden, und sogar ihr Selbst. Alle, die auf der Suche nach Identität und ethnischer Einheit sind, brauchen Feinde. Die gefährlichsten Konflikte finden heute auf beiden Seiten der Trennlinien statt, die die großen Zivilisationen der Welt voneinander trennen.

Samuel Huntington

DEDICATION

An meinen Vater und meine Mutter An alle meine Freunde
An alle meine Brüder und Schwestern

An alle Patrioten, die für den Frieden im Osten des Landes kämpfen An alle Opfer
der Kriegsgräuel
Wir widmen ihnen diese Arbeit

DANKSAGUNGEN

Am Ende unseres Studiums gebührt mehreren Personen ein herzliches Dankeschön für die Hilfe, die sie uns während unseres Studiums gewährt haben. Sie haben nicht nur zum Erfolg dieser Arbeit beigetragen, sondern vor allem auch zu unserer persönlichen Entwicklung.

Zunächst möchten wir unserem Direktor, Professor MWAYILA TSHIYEMBE, und unserem Betreuer, François LISALU BOFANDO, danken, die uns durch ihre intellektuelle Strenge und ihre Kommentare dazu gebracht haben, unseren kritischen Sinn und unsere analytischen Fähigkeiten zu verbessern.

Wir danken auch unseren Eltern, meinem Vater ASUKULU ASHINDA und meiner Mutter MTU ANYUNGYU, die nie aufgehört haben, an uns zu glauben. Ihre unerschütterliche Unterstützung hat es mir ermöglicht, die schwierigsten Momente zu überstehen, ein notwendiger Schritt für jeden Studenten in der Hochschulbildung.

Wir danken Professor François BIAMELE BOYO von ganzem Herzen, dass er sich bereit erklärt hat, unsere Familie trotz seiner großen Belastung zu unterstützen.

Wir nutzen diese Gelegenheit, um unserer geliebten MPETE LOKULI Brunette unseren aufrichtigen Dank auszusprechen, die uns während unserer akademischen Laufbahn vertraut und unterstützt hat.

Wir danken auch allen Professoren, Betreuern und Assistenten der Fakultät für Sozial-, Verwaltungs- und Politikwissenschaften der Universität von Kisangani im Allgemeinen und der Abteilung für internationale Beziehungen im Besonderen für ihre Beiträge während unseres Kurses.

Unseren Onkeln und Tanten, KASHINDI KILUMBA und seiner Frau MACHOZI, Papa BILOMBELE DJUMA, Onkel RASHIDI KILUMBA und seiner ganzen Familie, Tante KIZA ASHINDA und ihrem Mann, Tante BIHENDA KILUMBA, Tante MALENGA KILUMBA, Maman FATUMA YATUKA, Papa VICENT und seine ganze Familie, Maman NYOTA und die ganze Familie ASHINDA, die uns auf diesem langen Weg der Verwirklichung unserer Arbeit physisch, moralisch und intellektuell unterstützt haben.

Wir danken auch unseren Brüdern und Schwestern, Cousins und Cousinen und Neffen: François RASHIDI, ASENDE RASHIDI, ISSA KASHINDI, BYAUNDA ASSANI, GALILEE RASHIDI, SAFI KILUNDA, ENDANI KILUNDA, SARAH KILUNDA, LALIYA, FATY ASHINDA, ALIA ASHINDA, VITORIA ASHINDA,

FRANCOIS ASUKULU, VAINQUEURS ASHINDA BRIGITE ASHINDA, BENJAMIN ASHINDA, YVONNE SABINE, ILUNGA KAFUWA Louison, SAFI FATAKI Merveille, MARTINE, ANITA NENGELI, PATIENCE MANGUBU,, CHRISTOPHE ASHINDA, ANGELANI MITAMBA, BAHELANYA ASSANI, HERITIER, BARAKA KASHINDI, BOKOMBA RASHIDI, MARIAMU KASHINDI, ELIYA DJUMA, Jacques DJUMA, Nathanaëlle DJUMA, MCUMBE ASENDE, Delatin BAONGA,An unsere Gefährten im Kampf : NGWADI BALANI Christophe, LITWANGA BWENGA ITSHALE Freddy, KASONGO ALI Nicolas, APAKA LIANDE Yolande, NGOY MAKOMBO Rachel, BOYOMA ELIA, BONGOYA Robert, SEFU KIRONGOZI, NGUWO MAGALHAES, NONDO MUSINGILWA Josué, AMAYO Jean-Robert, LINDA MBURUGU, CHADY LISIMO, CHOMBA JEROME, BENJAMIN LADO, SIKOTI KOFFI ANNAN und andere

die wir nicht aufzählen können, weil es so viele sind, die uns am Herzen liegen, und wir sind überzeugt, dass Sie sich in diesem Werk wiedererkennen werden.

Mögen unsere Freunde und Bekannten: JEDIJA KABEYA, MPETE LOKULI, JEAN ITIA, JONATHAN SENGA, HORTY SINGA AKAFOMO, Trésor MUMBERE, IDI SANTU, CYPRIEN LIMBEYA, BATAMBILA MARTHE, NYANDE MARIE, Sarah MOLABA, Georgine KASISA, Flavien NDARABU, Thecha LOPITALE, BAGHI NGBAPAYNGA Esther, NKOLO LOKULI Aminata,

Mögen sich all jene, deren Namen nicht genannt sind, nicht vergessen fühlen, denn wir alle tragen sie in unseren Herzen.

FABRICE ASUKULU

EINFÜHRUNG

Kontext der Studie

Die internationale Dimension von Identitätskonflikten hat heute einen wichtigen Platz in den internationalen Beziehungen eingenommen. Die Entwicklung und Manipulation dieser Konflikte und ihre regionale Ausbreitung sind jedoch aufgrund ihrer Seltenheit viel weniger untersucht worden[1].

Die Identitätskonflikte sind dann die schwerwiegendsten, weil sie das Fundament der Gesellschaften berühren, wo das kollektive Imaginäre mit dem eines jeden Mitglieds der Gesellschaft verschmilzt. Diesen Konflikten liegt ein kollektivpsychologischer Prozess zugrunde, bei dem sich eine Gruppe als Opfer einer anderen Gruppe sieht, die ihrer Meinung nach mit ihrem physischen oder politischen Verschwinden verbunden wäre[2]. Es handelt sich um Konflikte, bei denen die Gewalt oft bis zum Extremismus geht, was bei zwischenstaatlichen Konflikten nicht immer der Fall ist. Häufig werden drei Haupttypen unterschieden: die nationale Identität, die religiöse Identität und die ethnische Identität[3], die durch Nationalität, Religion und Ethnizität konkretisiert wird. Die Ursachen für diese Konflikte in Afrika sind vielfältig: zunächst der uralte und tief verwurzelte Stammeshass, dann in mehreren Ländern der Gegensatz zwischen den Völkern an der Küste, die oft als Fremde behandelt werden, und denen im Landesinneren. Die Kolonisatoren haben in Afrika Grenzen gezogen, die nicht mit denen der Stammesbevölkerungen und -kulturen übereinstimmen[4], und, was noch schlimmer ist, der Kolonisator hat die ethnischen Gruppen gegeneinander ausgespielt, um seine Herrschaft zu festigen. Doch leider wurden diese aus der Kolonialisierung resultierenden Grenzen bei der Unabhängigkeit von den afrikanischen Ländern im Namen des "uti possidetis "[5] -Prinzips nicht in Frage gestellt. In der Demokratischen Republik Kongo hat die destabilisierende Situation, die im Osten des Landes zu beobachten ist, viele Facetten und Interpretationen. Und die populärste bleibt die Identitätsproblematik um die Tutsi-Bevölkerung, die im Zentrum dieser Konflikte stehen würde. Da sie das Objekt und der Akteur dieser Konflikte ist. Aus diesem Grund haben wir uns entschieden, unsere Forschung zum Thema Nationalitätenkonflikte in der Demokratischen Republik Kongo durchzuführen, genauer gesagt zur Nationalität der kongolesischen Tutsi als regionalem Bezugspunkt. Es ist nun wichtig, zum Stand der Fragestellung überzugehen, der nicht nur die mobilisierten Zweige der Internationalen Beziehungen, die daraus resultierenden Prinzipien der internationalen Beziehungen sowie die verwendeten erklärenden Theorien vorstellen wird, sondern auch die bisherigen Arbeiten zu unserem Thema, um unsere Abgrenzung gegenüber unseren Vorgängern zu verdeutlichen.

Status des Themas

Stand der theoretischen Frage

Analysieren wir hier die Frage nach den Zweigen der internationalen Beziehungen, die in diesem Werk mobilisiert werden, die Theorie der internationalen Beziehungen, die wir im ersten Kapitel entwickeln werden, und die verwendeten Prinzipien der internationalen Beziehungen.

Die Bereiche der internationalen Beziehungen

Das Problem der Identität, insbesondere der Nationalität, ist eine Frage, die mehrere Bereiche der internationalen Beziehungen berührt. Wir haben die folgenden Bereiche gruppiert:

a) Außenpolitische Analyse
Dieser Zweig wird uns erlauben, eine Analyse der Reihe von grundlegenden Optionen zu machen, die von den Staaten mit dem Ziel genommen werden, die günstigen Situationen zu bewahren und diejenigen zu ändern, die für ihn ungünstig sind[6]. Denn das Verhalten der Staaten wird durch eine Außenpolitik bestimmt, deren Ausarbeitung durch die Geographie, die Geschichte, das nationale Interesse oder die persönlichen oder ideologischen Affinitäten zwischen den Führern[7] beeinflusst wird und sich sogar auf die ethnische Gruppe oder den Stamm des Führers erstreckt.

b) Analyse der Theorien der internationalen Beziehungen
Diese Analyse wird dazu dienen, die Situation zu erklären, indem sie insbesondere kausale Verbindungen zwischen den Elementen herstellt, aus denen sie sich zusammensetzt. Wir werden in dieser Arbeit die Realität unseres Untersuchungsproblems in Bezug auf die Theorie des Kampfes der Kulturen analysieren

c) Studien zur Sicherheit
Das Studium der Sicherheit wird in der vorliegenden Dissertation durch die Untersuchung der internationalen Beziehungen, die die Anwendung von Gewalt

oder die Androhung von Gewalt beinhalten, begründet. Die Sicherheit ist das Hauptziel der Staaten, denn die Sicherheit gehört zu den drei von Thomas Hobbes genannten Gründen für einen Krieg: "Gewinn, Sicherheit, Wohlstand"[8]. Dieser Zweig hat auch Unterzweige: Die Iranologie, die Wissenschaft vom Frieden, die Polemologie, die empirische Untersuchung von Konflikten, und die strategische Analyse, die sich auf die Art und Weise konzentriert, wie eine Armee in einem Gebiet geführt wird.

Die Theorie der internationalen Beziehungen

Im Rahmen unserer Arbeit werden wir nur eine Theorie verwenden: die Theorie des Kampfes der Kulturen, die davon ausgeht, dass die aktuellen Konflikte nicht mehr ideologisch, sondern identitätsbasiert sind. In der Tat werden wir diese Theorie im ersten Kapitel unserer Arbeit vertiefen. Diese Wahl ist dadurch gerechtfertigt, dass diese Theorie am besten geeignet ist, unsere Studie zu erklären.

Die Grundsätze der internationalen Beziehungen

In dieser Studie haben wir die folgenden Grundsätze aufgestellt:

a) Der Grundsatz der Nichteinmischung
Dieser Grundsatz drückt die Verpflichtung eines Staates aus, sich nicht in die inneren oder äußeren Angelegenheiten eines anderen Staates einzumischen. Dieser Grundsatz hat zur Folge, dass jeder militärische, wirtschaftliche, diplomatische oder sonstige Druck, den ein mächtiger Staat auf einen schwachen Staat ausüben kann, unzulässig ist. Und er hat seine Quelle in der UN-Charta9.

b) Das Prinzip von Uti Possidetis
Dieser Grundsatz besagt, dass der territoriale Status quo aufgrund der Kolonisierung unantastbar ist. Es wird davon ausgegangen, dass die von den ehemaligen Kolonisatoren festgelegten administrativen Abgrenzungen fortan stabile Grenzen darstellen würden. Dieses Prinzip wird heute angewandt, um jede Infragestellung des Grenzstatus quo zu verhindern und Sezessionsversuchen oder territorialem Expansionismus entgegenzuwirken.[10]

c) Das Prinzip der Nationalitäten

Prinzip, nach dem jede Nation in der Lage sein muss, sich frei als unabhängiger Staat zu konstituieren. Nach dieser Regel müssen die Grenzen des Staates mit denen der Nation übereinstimmen. Das Nationalitätenprinzip steht auch heute noch im Mittelpunkt der Forderungen nach Autonomie oder Unabhängigkeit.

Status der bibliografischen Frage

An dieser Stelle werden wir uns über die Autoren informieren, die ihr Interesse auf die Frage der Identitäten als Einsatz in Konflikten gerichtet haben, indem wir ihren theoretischen Rahmen und ihre Beiträge in ihrem theoretischen Rahmen aufzeigen und den Beitrag unserer theoretischen Wahl zur Debatte unserer Vorgänger darstellen.

Autoren, die über unser Thema oder ähnliches geschrieben haben

Tabelle 1: Autoren, die über unser Thema geschrieben haben

AUTOR	SUBJEKT
BALINGENE KAHOMBO	Der Schutz der ethnischen Minderheiten in der Demokratischen Republik Kongo. Zwischen Bruch und Kontinuität der verfassungsmäßigen Ordnungvorher.
CharmantMADIGO EKANGBENZA	Transnationale Beziehungen und die Rolle der Ethnien in den zwischenstaatlichen Beziehungen in der Region der Großen Seen: der Fall der Tutsi von 1990 bis 2012,
Chris Huggins	Land, Macht und Identität: Die Ursachen des gewaltsamen Konflikts im Osten der Demokratischen Republik Kongo
ClémentMWEYANG AAPENGNUO	Die Fehlinterpretation ethnischer Konflikte in Afrika
Hoffen aufMATUMAINI SAUSY	Die Banyarwanda-Frage von der lokalen zur nationalen Ebene: eine problematische Nachricht in der DRK
FulgenceALITRI TANDEMA	Die Beziehungen zwischen der Demokratischen Republik Kongo und ihren Nachbarländern nach der Einführung der AFDL: Zwänge und Herausforderungen Geostrategie und Suche nach einem dauerhaften Frieden
Médard BUNA DECHUVI	Minderheit und Nationalität in der Demokratischen Republik Kongo: der Fall der Banyamulenge
Nicaise MUZINGA LOLA	Ethnische Konflikte und Identitätsprobleme im Osten der Demokratischen Republik Kongo: der Fall der Banyamulenge
OlivierMPIANA KALOMBO	Das Problem der Nationalität auf internationaler Ebene. "Der Fall der ruandophonen Bevölkerung in der Demokratischen Republik Kongo".

Die von diesen Autoren verwendeten Theorien

Diese Autoren haben über den folgenden theoretischen Rahmen geschrieben:

Tabelle 2 Von den Autoren verwendete Theorien

DIE AUTOREN	THEORETISCHER RAHMEN
Olivier MPIANA KALOMBO, Fulgence ALITRI TANDEMA, Espérant MATUMAINI SAUSY, Clément MWEYANG AAPENGNUO, Charmante MADIGO EKANGBENZA, Médard BUNA DECHUVI	DIREKTOR
BALINGENE KAHOMBO, Chris Huggins, Nicaise MUZINGA LOLA,	IDEALIST

Der Beitrag dieser Autoren zur theoretischen Debatte

a) Die realistische Theorie

MPIANA KALOMBO **O11 stellt** **auf** der Suche nach einer Erklärung für die Ursachen der wiederkehrenden Konflikte, die den Osten der Demokratischen Republik Kongo dezimieren, fest, dass diese Konflikte gleichzeitig wirtschaftliche, politische, sicherheitspolitische, soziokulturelle und schließlich rechtliche Ursachen haben, die mit der Frage der Staatsangehörigkeit für die ruandophone Bevölkerung zusammenhängen, und behauptet, dass die Ruander, die im Osten der Demokratischen Republik Kongo leben, keinen Vorteil aus der kongolesischen Staatsangehörigkeit ziehen können, weil sie diese mit Gewalt und nicht durch das Gesetz zu erlangen suchten. Sie trägt zur realistischen Theorie bei, wenn sie behauptet, dass die Staaten die einzigen sind, die die Staatsangehörigkeit verleihen und entziehen können. Und dass beim Problem der Staatsangehörigkeit nicht alles vom nationalen Interesse des betreffenden Staates abhängt, diese oder jene Gemeinschaft aus der Bevölkerung dieses Staates zu entfernen. Und dies in aller Unabhängigkeit. Wir bemerken in der Analyse des Autors eine nicht objektive Sichtweise. Die Frage der Identität, die er erklärt, hindert ihn daran, die Situation auf nicht willkürliche Weise zu analysieren, und seine Argumente sind nicht sehr überzeugend.

MATUMAINI SAUSY **E12.** ist der Ansicht, dass, solange die ethnischen Spannungen im Bergland von Kivu nicht endgültig gelöst sind, eine Kluft zwischen den Kinyarwanda Sprechenden und den anderen Stämmen der Demokratischen Republik Kongo wachsen wird; und je mehr die politische Klasse diese Situation ausnutzt, um sich zu positionieren, desto mehr wird die Distanz wachsen, mit schweren Folgen wie der Bedrohung der Sicherheit des Staates und der Infragestellung der Nation, ja sogar ihrer Unterminierung. Der Autor ist ein Realist, er führt eine sehr komplexe Analyse in der realistischen Theorie. Denn aus seinem Werk geht hervor, dass er der politischen Klasse eines

Landes bei der Festlegung seiner Außenpolitik große Bedeutung beimisst. Und dass die Entscheidungen, die von den Staaten getroffen werden, vor allem von den Führern getroffen werden, die dann Parteien in ihre Entscheidungen einbeziehen. Er weiß nicht, dass die Staaten kein Herz und keine Seele im machiavellistischen Sinne haben, so dass kein Mitleid bestehen kann, wenn es nur dem nationalen Interesse zuwiderläuft, das sogar das persönliche Interesse übersteigt.

MWEYANG AAPENGNUO [C13] erklärt, dass ethnische Zugehörigkeit in Afrika im Allgemeinen nicht die Ursache von Konflikten it, sondern eher ein Konzept, das von politischen Führern verwendet wird, um ihre Anhänger in ihrem Streben nach Macht, Reichtum und Ressourcen zu mobilisieren. Er stellt die vorherrschende Hungtingtonsche These in Frage, wonach Konflikte zwischen gegnerischen Zivilisationen oder ethnischen Gruppen bestehen. In Wirklichkeit ist der Autor der Meinung, dass die Konflikte eher durch die Instrumentalisierung dieser Zivilisationen verursacht werden. Er schließt sich damit **MWAYILA** [TSHIYEMBE14] an, der von der Konstante ausgeht, dass die ethnische Gruppe in der Region Mittelafrika ebenso wie in anderen Regionen Schwarzafrikas ein vorkolonialer soziologischer Begriff ist, dessen Existenz real ist, im Gegensatz zur Unwirklichkeit des Nationalstaates. Für den Autor liegt die Hauptursache des Konflikts in diesem Gebiet in der Unangemessenheit des westlichen Modells des Nationalstaates gegenüber der ethnischen Kultur Afrikas, und die Gewalt in Nahost ist eine politische und keine ethnische Gewalt, weil sie aus der Unangemessenheit des derzeitigen Verwaltungs- und Managementmodells gegenüber den lokalen Realitäten resultiert. Außerdem richten sich die Kriege nicht gegen ethnische Führer, sondern gegen politische Führer, die das ethnische Element politisch nutzen, um an die Macht zu kommen oder an der Macht zu bleiben. Wenn man dem realistischen Postulat folgt, das die Konflikte der menschlichen Natur zuschreibt, wo der Mensch gegen den Menschen Krieg führt, kann man nur verstehen, dass die oben erwähnte Instrumentalisierung, die bei diesen Autoren vorherrscht, nur der Pfiff des Schiedsrichters bei einem Fußballspiel ist, bei dem die Akteure bereits darauf vorbereitet sind, sich gegenseitig zu konfrontieren.

MADIGO EKANGBENZA M.[15] versucht, die Rolle der ethnischen Gruppe der Tutsi in den transnationalen Beziehungen in der Region der Großen Seen zu bestimmen und Strategien für die transnationale Konfliktlösung in der Region der Großen Seen zu erläutern, und stellt fest, dass die ethnische Gruppe der Tutsi in der afrikanischen Region der Großen Seen durch ihre hegemoniale

Neigung, die politische Führung in der Region zu sichern, eine Rolle spielte und spielt. Dies hat zu blutigen Konflikten geführt, die Repressalien, Massaker und Völkermorde nach sich gezogen haben. Auch das Fehlen einer demokratischen Kultur und eines Dialogs sowie die Einmischung des Westens, um sich geopolitisch zu positionieren, haben dazu beigetragen, die Konflikte in der Region zu schüren, die bis heute andauern. Es ist sehr vage, zumindest bei dem Begriff Tutsi, von dem gesprochen wird - er ist ? Aus Ruanda? Aus Uganda? Aus Burundi? Oder von der Demokratischen Republik Kongo? Diese Analyse ist ein wenig vage, denn die von Ruanda und Uganda geführten Kriege dienten in erster Linie dem nationalen Interesse, nicht nur dem der Tutsi-Ethnie. Und die ethnische Gruppe der Tutsi ist politisch nicht so organisiert, dass sie eine regionale Macht werden könnte. Im Realismus natürlich.

BUNA DECHUVI M.[16] widmet seine Dissertation dem Thema Minderheiten und Nationalität in der Demokratischen Republik Kongo: der Fall Banyamulenge. Er setzt sich zum Ziel, einerseits die Analyse des Begriffs der Minderheit im Hinblick auf das internationale öffentliche Recht sowie die Existenz des Begriffs der Minderheit im Lichte des kongolesischen Rechts aufzuzeigen und andererseits das Problem der kongolesischen Nationalität der Banyamulenge zu analysieren sowie die Beziehung zwischen der Nationalität der Banyamulenge und der politischen Gewalt im Osten der DR Kongo zu überprüfen.Am Ende seiner Untersuchungen bestätigt er, dass die Banyamulenge-Gemeinschaft im Vergleich zu anderen ethnischen Gruppen in der Demokratischen Republik Kongo keine Minderheit ist, sondern nach der Verfassung und dem Gesetz Kongolesen wie alle anderen Kongolesen sind. Diese Nationalität stellt ein Problem dar, denn einige Banyamulenge bleiben Kongolesen, aber ihr Blick ist immer nach Ruanda, Uganda oder sogar Burundi gerichtet. Diese Frage der Nationalität der Banyamulenge begünstigt Ruanda und Uganda, die leicht in den Osten des Landes eindringen können, um zu stehlen, zu vergewaltigen, zu plündern, zu töten.... Seine realistische Seite ist zu erkennen, wenn er behauptet, dass die Banyamulenge die Konflikte im Osten der DRK begünstigen, weil die Länder der Region die Banyamulenge (Tutsi) gegen die kongolesische Regierung einsetzen. Und die Krise wird konstant bleiben, wenn die kongolesische Regierung nicht die Augen für die Situation öffnet, denn diese Länder nutzen diese Bevölkerung in ihrer Außenpolitik, um ihre nationalen Interessen zu wahren. Es wäre besser, diesen Autor daran zu erinnern, dass zumindest im Realismus das ethnische Problem nicht existiert, dass die DR Kongo ihrerseits diese Bevölkerung auch gegen andere Länder einsetzen kann, weil es möglich ist. Wenn man rechts geohrfeigt wird, ohrfeigt man rechts und links, heißt es.

b) Die idealistische Theorie

ALITRI TANDEMA [F17], versucht zu verstehen, was in den Kriegen, die die Demokratische Republik Kongo zerreißen, auf dem Spiel steht und wie ein dauerhafter Frieden für die Demokratische Republik Kongo und für Zentralafrika erreicht werden kann. Er erinnert daran, dass seit Bestehen dieser Konflikte die meisten Mittel und Wege, die auf internationalen Konferenzen und Foren für eine dauerhafte Lösung vorgeschlagen wurden, noch nicht das erwartete Ergebnis gebracht haben. In der Tat zeigt sich, dass die Völker Afrikas zusammenlebten. Es gab Königreiche mit Völkern, die zusammenarbeiteten, die aber durch die Berliner Konferenz geteilt wurden. Sein Anliegen war es nicht, den Dämon der Grenzkonflikte zu wecken, die sich aus dieser Konferenz ergeben haben, sondern daran zu erinnern, dass es entlang der Grenzen auf beiden Seiten dieselben ethnischen Gruppen gibt, Stämme, die allein durch die Tatsache, dass sie sich gegenüberstanden, getrennt wurden. Es gibt eine Möglichkeit, dieses ursprüngliche Umfeld wiederherzustellen, damit sie wieder zusammenleben können. Dies wäre ein wesentliches Element auf der Suche nach Frieden zwischen den Ländern der Region. Dies würde uns zu der Erkenntnis führen, dass es jenseits der von der Kolonialisierung geerbten Grenzen bestimmte kulturelle Identitäten gibt, die die Grundlage für eine gute regionale Integration bilden. Diese Integration wäre auch eine Garantie für Frieden und Entwicklung in der Demokratischen Republik Kongo und ihren Nachbarländern. Als Idealist glaubt der Autor, dass eine langwierige Zukunft in der Frage der Identitäten möglich ist. Es ist lediglich notwendig, den Frieden und das friedliche Zusammenleben der Bevölkerung zu fördern. Anstatt die Grenzbevölkerung zu bekämpfen, wäre es besser, sie zu friedlichen Zwecken zu vereinen.

BALINGENE KAHOMBO[18] erklärt, nachdem er das Schweigen des kongolesischen Rechts zur Frage der Minderheiten aufgezeigt hat, dass es vielleicht illusorisch ist, allen ethnischen Gruppen eine gleichberechtigte Vertretung in den Institutionen des Landes zu gewährleisten. Am besten ist es, ein Gleichgewicht der sozialen Repräsentation aufrechtzuerhalten, einschließlich derjenigen der ethnischen Minderheiten. Andernfalls könnten der Frieden und die Stabilität des Landes und sogar die Rechtsstaatlichkeit gefährdet bleiben. Der Autor analysiert den Vorrang des Rechts vor der Politik, wenn er behauptet, dass die Rechtsstaatlichkeit nur durch die Achtung und den Schutz aller Minderheiten und ihre Einbeziehung in die Verwaltung der öffentlichen Angelegenheiten möglich ist. Selbst wenn er einräumt, dass es in der

Demokratischen Republik Kongo keine Minderheit gibt, zumindest nicht im Sinne des Gesetzes, wie kann er dann noch ein Zusammenleben und die Integration einer nicht existierenden Minderheit vorschlagen?

CHRIS HUGGINS[19] zeigt auf, dass der Zusammenhang zwischen Land und Gewalt im Osten der DRK langfristig nur durchbrochen werden kann, wenn das Konzept der "ethnischen Staatsbürgerschaft" aufgegeben wird. Dies würde bedeuten, die Verbindung zwischen "indigenen" Landansprüchen und lokaler politischer Macht zu lösen. Da die Eliten einiger Gemeinden im Osten der Demokratischen Republik Kongo besser als andere in der Lage sind, sich durch die Vergabe von Grundstücken Geldmittel anzueignen, könnte ein unregulierter, marktbasierter Ansatz zu einem Wiederaufleben der landbezogenen Gewalt führen. Er plädiert wie andere Idealisten für eine kongolesische Gesellschaft, deren Fundament der Nationalität nicht ethnisch, sondern territorial oder jus soli sein wird. Denn die ethnische Frage sei nur in traditionellen Gesellschaften gut aufgehoben.

MUZINGA LOLA [N20], versucht, die Ursprünge der ethnischen Konflikte in Kivu zu kennen, in welcher Weise diese Konflikte derzeit in Kivu gestellt werden und dass sie die Spuren von Lösungen für diese Konflikte wären. Die Ergebnisse ihrer Analysen zeigen, dass die Konflikte, die die Kongolesen mit den Banyamulenge im Osten der Demokratischen Republik Kongo austragen. Bei diesen Konflikten geht es nicht nur um die Banyamulenge, die die kongolesische Staatsangehörigkeit beanspruchen. Diese Konflikte wurden auch durch ethnische, politische, wirtschaftliche und ideologische Gründe verursacht. Der Autor ist der Meinung, dass die Identitätskonflikte in Kivu auch von ausländischen Mächten geschürt werden und dass es in der Demokratischen Republik Kongo keine ethnische Gruppe der Tutsi-Banyamulenge gibt. Sein Beitrag besteht darin, dass er die Tutsi von Kivu in das Streben nach kongolesischer Nationalität einordnet, das sie dazu brachte, zu den Waffen zu greifen und gegen Mobutu und dann Laurent Désiré Kabila zu kämpfen. Er sollte in seiner Arbeit die Bedeutung von Ruanda und Burundi erwähnen, die die Tutsi im Kongo bei der Erlangung ihrer Staatsangehörigkeit unterstützen.

DER BEITRAG UNSERER THEORETISCHEN WAHL ZUR DEBATTE DIESER AUTOREN

Die Forschungen unserer Vorgänger hatten mehrere theoretische Grenzen. Die von diesen Autoren verwendete realistische Theorie hinderte sie daran, die Frage der Nationalität, die eine Frage der Identität ist, eingehend zu untersuchen. Ihre Analysen der Situation beschränkten sich eher afUrteile als auf Analysen. Das Gleiche gilt für diejenigen, die sich der idealistischen Theorie bedienten, die unserer Meinung nach alle Fragen in Bezug auf ihre Studien berücksichtigen sollte, bevor sie eine utopische Situation befürwortet; so hat uns das Fehlen einer sehr erklärenden Theorie der Situation dazu veranlasstdie Theorie des Kampfes der Kulturen zu verwenden, die unserer Meinung nach den ethnischen Aspekt einer geopolitischen Situation berücksichtigt. Was uns betrifft, so werden wir unsere Analyse mit viel Unterscheidungsvermögen und Vorsicht durchführen, um nicht in die Falle des geographischen Determinismus zu tappen.

Ausgabe

Die Problematik ist der Ansatz oder die theoretische Perspektive, die man wählt, um das durch die Ausgangsfrage aufgeworfene Problem zu lösen. Es ist der Blickwinkel, aus dem die Phänomene untersucht werden, die Art und Weise, in der sie hinterfragt werden[21].

Zweck der Forschung

Gegenstand unserer Untersuchung ist die Nationalität der kongolesischen Tutsi, die ein Element der Souveränität des kongolesischen Staates ist.

Problemstellung der Forschung

Das Hauptanliegen unserer Forschung ist es, die regionalen Probleme im Zusammenhang mit der Nationalität der kongolesischen Tutsi vollständig zu verstehen. Diese Nationalität ist ein Thema, das die Grenzen zwischen der Demokratischen Republik Kongo und ihren Nachbarländern überschreitet.

Forschungsdebatte

Die Konflikte, die in den letzten drei Jahrzehnten im Osten der Demokratischen Republik ausgetragen wurden, haben zu einer sehr ernsten Instabilität in der gesamten Region der großen Seen geführt. Diese Situation provoziert eine noch nie dagewesene Krise bis hin zu der Frage, wer für wen kämpft? Und gegen wen?[22] In jeder geopolitischen Situation gibt es immer einen Scheiterhaufen, hinter dem die Akteure aufeinandertreffen und ihre Ansprüche begründen. Aber in der Situation im Osten des Landes scheinen die Einsätze verstreut zu sein und jeder Akteur scheint sein Ziel zu erreichen, ohne die Ziele des anderen zu verhindern. Wenn es also eine Frage gibt, die in der Mitte aller Akteure zu liegen scheint, dann ist es offensichtlich die Frage nach der Nationalität der kongolesischen Tutsi. Sie steht im Mittelpunkt der Kämpfe zwischen den lokalen Selbstverteidigungsgruppen und den kongolesischen Tutsi-Milizen, die häufig von Ruanda und Uganda unterstützt werden. Die einheimischen Gruppen leugnen die Nationalität der Tutsi, während die Tutsi weiterhin um die Anerkennung ihrer Nationalität kämpfen. Die Nationalität der kongolesischen Tutsi ist im Lande ziemlich peinlich. Ihre Lage ist nach wie vor sehr prekär und dynamisch, so dass die Nachbarländer zur Rettung der ausgegrenzten kongolesischen Bevölkerung intervenierten[23] und dieses Chaos ausnutzten, indem sie diese Bevölkerung als trojanisches Pferd benutzten, um die im Kongo versteckten ruandischen Völkermörder anzugreifen[24]. Aber trotz der Tatsache, dass diese Tutsi in ihrem Recht als Kongolesen regularisiert wurden, bleibt ihr Status als Kongolesen bis heute sehr fragil und sehr leicht von den rivalisierenden ethnischen Gruppen oder von Politikern zu instrumentalisieren[25]. Die Staatsangehörigkeit ist eine Verbindung, die eine Person mit einem bestimmten Staat verbindet und ihr den Status eines Staatsangehörigen dieses Staates verleiht[26]. In der Tat ist es jeder Staat, der in seinem eigenen Namen die Bedingungen für den Erwerb und den Verlust der Staatsangehörigkeit von Personen festlegt, die seiner Souveränität unterliegen. Dabei handelt es sich im Prinzip um eine ausschließliche Zuständigkeit, in deren Ausübung ein anderer Staat nicht eingreifen kann[27]. Eine Person hat nur insoweit eine Staatsangehörigkeit, als der Staat zugestimmt hat, ihr diese Staatsangehörigkeit zu verleihen.

Die Staatsangehörigkeit ist jedoch eines der heikelsten Themen, da sie Ausdruck der Souveränität und Identität eines Landes ist. Es ist daher nicht verwunderlich, dass Streitigkeiten über die Staatsangehörigkeit häufig zu Spannungen und Konflikten sowohl innerhalb eines Staates als auch zwischen Staaten führen.[28] Dies liegt daran, dass man glaubt, dass die Staatsangehörigkeit von einem Staat strategisch eingesetzt werden kann, um seine Bürger zu bevorzugen. Es wird nämlich angenommen, dass die Staatsangehörigkeit von einem Staat strategisch eingesetzt werden kann, um einen Teil der Bevölkerung, der als Ausländer oder Migrant angesehen wird, zu bevorzugen oder auszuschließen[29] . Dies ist der

Fall bei den kongolesischen Tutsi. Diese Menschen haben seit der Unabhängigkeit ohne Probleme im Kongo gelebt, bis Anfang der 1990er Jahre, als sich die internationale Politik stark veränderte. Mobutu berief die Souveräne Nationale Konferenz ein, um das Land zu demokratisieren und dem Volk mehr Freiheit zu geben, was die Extremisten dazu veranlasste, sich auf die Frage der zweifelhaften Nationalität der Tutsi zu stützen, um ihre Popularität zu steigern. Das Ergebnis dieser Konferenz wird den Hass der Bevölkerung gegen die Tutsi noch verstärken, bis sie beginnt, sie aus dem Land zu vertreiben. Diese Situation hat in der Demokratischen Republik Kongo zu einem Identitätskonflikt geführt, der durch die Einmischung der Nachbarländer zu einem Krieg geworden ist.

Forschungsfragen

Im Hinblick auf das Vorangegangene ist es klar, dass in den internationalen Beziehungen die Handlungen der Staaten immer von Interessen oder Gründen umgeben sind. Unsere Forschung besteht in der Durchführung einer geopolitischen Analyse der Verwicklung Ugandas und Ruandas in die Nationalität der kongolesischen Tutsi. Dieses Analyseraster führt zu einer Reihe von Befragungen:

- Warum sind Ruanda und Uganda an der Nationalität der kongolesischen Tutsi interessiert?

- Welche Folgen hat die Beteiligung Ruandas und Ugandas an der Frage der Nationalität der kongolesischen Tutsi für die regionale Integration?

Annahmen

Nach Claude VERRIER[30] ist die Hypothese ein Vorschlag für eine Antwort auf eine gestellte Frage. Es handelt sich also um eine Überlegung, die auf dem theoretischen und vorbereitenden Wissen über das untersuchte Phänomen beruht und sich wie eine nicht freie Vermutung über das Verhalten der untersuchten Objekte äußert: Ruanda und Uganda sehen in der Nationalität der Tutsi ein Mittel, um ihre Aktionen zur Destabilisierung der Demokratischen Republik Kongo zu rechtfertigen; die Verwicklung Ugandas und Ruandas in die Nationalität der Tutsi hätte politische, wirtschaftliche und sicherheitspolitische Folgen.

Zielsetzung und Interesse der Studie

Zielsetzung der Forschung

Mit dieser Studie verfolgen wir zum einen ein Hauptziel und zum anderen ein spezifisches Ziel. In erster Linie zielt diese Studie darauf ab, eine geopolitische Analyse zur Nationalität der kongolesischen Tutsi in der Region der Großen Seen durchzuführen. Ausgehend von diesem Hauptziel werden im Folgenden drei spezifische Ziele verfolgt: Erklärung der Gründe, die Ruanda und Uganda dazu veranlassen, sich für die Nationalität der kongolesischen Tutsi zu interessieren; Aufzeigen, wie die Nationalität der Tutsi zu einem regionalen Thema wird, und Beschreibung der Zukunftsperspektiven der Frage der Nationalität der Tutsi im Hinblick auf die regionale Integration.

INTERESSE AN DER STUDIE

Diese Studie hat ein doppeltes Interesse: praktisch und theoretisch

• **Praktisches Interesse**

Das Interesse dieser Untersuchung liegt in der Tatsache, dass sie nicht nur Praktikern der internationalen Beziehungen, sondern auch allen Forschern, die sich für ethnische und Identitätskonflikte interessieren, als Leitfaden dienen wird, um die Konfliktsituation im Osten der Demokratischen Republik Kongo genau zu definieren.

• **Theoretisches Interesse**

Diese Untersuchung ist ein Beitrag zur Analyse der Geopolitik der Region der Großen Seen, der Außenpolitik der Staaten und der internationalen Beziehungen Afrikas, da sie eine recht relevante Literatur zu den Problemen der Nationalität und der Theorie des Kampfes der Kulturen liefert.

Betriebsumgebung

Nach Gaston Mace[31] bildet der operative Rahmen das zentrale Element des Forschungsprojekts, da er genau festlegt, was wir analysieren werden, um unsere Hypothesen zu überprüfen. Er bietet zwei Ebenen der Präzision: die Variablen und die Indikatoren.

Tabelle 3 Betriebsrahmen

Variablen	
Abhängig	Unabhängig
Fragen zur Nationalität der kongolesischen Tutsi	Regionale Themen
Indikatoren	
Angehörige	Freiberufler
Inter-ethnische Kriege Die ethnische Revolution Ethnische Rebellionen Der Kampf um Anerkennung Vergewaltigung, Diebstahl, Massaker Ethnische Manipulation der Bevölkerung gegen die Nationalität der Tutsi.	Ausländische Interventionen Die Finanzierung von Rebellengruppen aus dem Ausland Ethnische Manipulation durch das Ausland

METHODIK

Um diese Studie besser durchführen zu können, besteht der methodische Rahmen aus einer Methode und Techniken.

Methode

MORFAUX und LEFRANC definieren sie als: Eine Reihe von durchdachten Verfahren, um ein Ziel zu erreichen, sei es eine Argumentation, eine mathematische Demonstration, ein wissenschaftliches Experiment oder die Lehre einer Disziplin. Methodisch vorzugehen bedeutet, die Reihenfolge der zunehmenden Schwierigkeiten zu respektieren. Methodisch ist oft ein Synonym für rational32".

Um unsere Hypothesen zu überprüfen, haben wir die geopolitische Methode nach dem Schema von Éric Mottet und Frédéric Lasserre33 angewandt. Die Methode der geopolitischen Analyse schreibt die Einhaltung mehrerer Etappen vor, die für das Verständnis eines bestimmten Themas unbedingt erforderlich sind. Das folgende Diagramm zeigt dies:

1. **Identifizierung und Abgrenzung des Einsatzes**; denn in der Geopolitik ist der Einsatz dieQuelle von Spannungen, Krisen, Konflikten und sogar Kriegen, deren Ursachen vielfältig und zahlreich sein können.

2. **Den Raum oder das Gebiet zu identifizieren.** Die Kenntnis des behandelten Gebiets stellt somit eine wesentliche und notwendige Etappe dar.

3. **Identifizierung interner und externer Akteure.** Die Akteure sind zahlreicher als in der Vergangenheit und sie mischen sich auf vielfältige Weise ein. Es ist wichtig, nicht zu vergessen, dass der Staat nicht der einzige mögliche Akteur in der Geopolitik ist.

4. **Die verschiedenen Ebenen der Skalen zu identifizieren.** Die Analyse geopolitischer Einsätze, an denen Akteure mit vielfältigen Identitäten beteiligt sind, die auf verschiedenen Ebenen präsent sind, macht es unmöglich, dieses Phänomen auf einer einzigen Analyseebene und in einem einzigen Maßstab zu untersuchen.

5. **Identifizierung der Repräsentationen der internen und externen Akteure.** Die Berücksichtigung der Darstellungen der geopolitischen Akteure ermöglicht es, die Bedeutung des Territoriums und seiner Ressourcen für die verschiedenen beteiligten Akteure zu erfassen, die offiziellen und unausgesprochenen Argumente darzulegen und die kognitiven Mechanismen hervorzuheben, die zur Ausarbeitung von Positionen und/oder Handlungen geführt haben, die zu

Spannungen und in bestimmten Fällen zu Konflikten führen können. Die oben genannte Methode wurde in unserer Untersuchung wie folgt angewandt:

- Das Hauptaugenmerk unserer Forschung liegt auf der Nationalität der kongolesischen Tutsi. Diese Frage ist Gegenstand von Konflikten, die die Bevölkerung, die sich selbst als indigen bezeichnet, gegen die sogenannten Allochthonen führt.
- Das Gebiet, das wir hier analysieren, ist die Region der Großen Seen, allerdings beschränkt auf drei Länder: Demokratische Republik Kongo (nur drei Provinzen sind betroffen: Süd-Kivu, Nord-Kivu und Ituri), Ruanda und Uganda.
- Im Rahmen unserer Analyse sind die internen Akteure die Banyamulenges mit anderen Tutsis, die sich in ihren lokalen Milizen (MAKANIKA, TUYIGANIRO, etc...) organisieren, aber vom Ausland, der lokalen Bevölkerung (Babembe, Bavira, Nande, Fulero, etc...) unterstützt werden und sich ebenfalls in ihren jeweiligen Milizen zusammengeschlossen haben. Die externen Akteure sind Ruanda, Uganda und Burundi.
- In unserer Studie wird die Skalenebene in drei unterteilt. Zunächst ist der Konflikt lokal zwischen ethnischen Gruppen, dann auf nationaler Ebene und schließlich zwischen Staaten.
- Die Vertreter der Akteure sind: Die Bevölkerungen, die sich selbst als autochthon bezeichnen, denken, dass die Tutsi Eindringlinge sind, die in ihr Land kommen und es verlassen müssen. Die Tutsi hingegen sind der Meinung, dass sie schon immer Kongolesen waren und dass sie nirgendwo anders hingehen können, als in ihrem eigenen Land, d.h. der DRK, zu bleiben.

Techniken

Madeleine GRAWITZ[34] schlägt vor, dass die Techniken nichts anderes sind als "auf praktische, konkrete Elemente beschränkte und an ein bestimmtes Ziel angepasste Arbeitsschritte. Sie sind also nur Werkzeuge, die der Forschung zur Verfügung gestellt und in diesem Sinne organisiert werden".

Techniken der Datenerhebung

In erster Linie haben wir uns der dokumentarischen Technik bedient, die es uns ermöglichte, auf eine große Anzahl von Dokumenten zum Thema der schriftlichen Dokumente zurückzugreifen. Dazu gehörten Bücher, Artikel, offizielle Dokumente, Berichte sowie Arbeiten unserer Vorgänger zu einem ähnlichen Thema.

Technik der Datenverarbeitung

Wir haben die Technik der Inhaltsanalyse verwendet, die es uns ermöglicht,den Inhalt der verwendeten Dokumente zu ermitteln.

Grenze

Um unsere Untersuchung durchzuführen, haben wir sie sowohl zeitlich als auch räumlich eingegrenzt, wobei die Großen Seen den Raum für unsere Analysen bilden. Diese Wahl kommt nicht von ungefähr, denn die Großen Seen sind Schauplatz bewaffneter Konflikte zwischen verschiedenen Gruppen in- und ausländischer Rebellen. 1990 bis 2022. Die Wahl dieses Zeitraums ist durch die Tatsache gerechtfertigt, dass die Frage der Nationalität der Tutsi im Jahr 1990 während der Demokratisierung des Landes in den Vordergrund rückte. Und 2022 ist das Jahr, in dem mehrere Verhandlungen am Großen See stattfinden, um Frieden zu finden.

Aufgetretene Schwierigkeiten

Um unsere Untersuchung durchzuführen, haben wir sie sowohl zeitlich als auch räumlich eingegrenzt, wobei die Großen Seen den Raum für unsere Analysen bilden. Diese Wahl kommt nicht von ungefähr, denn die Großen Seen sind Schauplatz bewaffneter Konflikte zwischen verschiedenen Gruppen in- und ausländischer Rebellen. 1990 bis 2022. Die Wahl dieses Zeitraums ist durch die Tatsache gerechtfertigt, dass die Frage der Nationalität der Tutsi im Jahr 1990 während der Demokratisierung des Landes in den Vordergrund rückte. Und 2022 ist das Jahr, in dem mehrere Verhandlungen am Großen See stattfinden, um Frieden zu finden.

Unterteilung der Arbeit

Hinsichtlich der Gliederung der Arbeit erschien es uns sinnvoll, neben der Einleitung und dem Schluss vier Kapitel vorzusehen, die die Quintessenz der Arbeit darstellen. Das erste Kapitel ist dem konzeptionellen und theoretischen Rahmen gewidmet, das zweite befasst sich mit der Nationalität im kongolesischen Recht und der Einbeziehung Ruandas und Ugandas, das dritte mit den regionalen Auswirkungen der Frage der Nationalität der kongolesischen Tutsi.

KAPITEL EINS

KONZEPTIONELLER UND THEORETISCHER RAHMEN

In diesem Kapitel wird der konzeptionelle, theoretische und räumliche Rahmen erörtert. Es besteht aus drei Abschnitten. Der erste Abschnitt befasst sich mit der semantischen Analyse der zentralen Begriffe, die in unserer Arbeit verwendet werden, und dient der Klärung der verwendeten Begriffe. Der zweite Abschnitt befasst sich mit der verwendeten erklärenden Theorie. Im dritten Abschnitt werden die Untersuchungsgebiete Ruanda, Uganda und die Demokratische Republik Kongo kurz vorgestellt.

Abschnitt 1: Konzeptioneller Rahmen

Wir halten es für unumgänglich, bestimmte Schlüsselbegriffe unserer Studie zu definieren, und zwar in einer Weise, die unserer Arbeit mehr oder weniger angemessen ist.

Absatz 1: Themen

Der Einsatz, wie der Name schon sagt, kann so verstanden werden, wie er verstanden wird. Tatsächlich bedeutet er etymologisch: das, was auf dem Spiel steht, was gewettet wird. In einem weiteren Sinne können wir verstehen, dass ein Einsatz das ist, was am Ende eines Prozesses gewonnen oder verloren wird35 . Oder der Einsatz ist das, was Gegenstand eines Wettbewerbs, einer Konfrontation oder einer Diskussion ist36.

In einer geopolitischen Analyse ist ein Problem ein Objekt, dem die Akteure einen Wert zuschreiben. Eine Ressource oder ein Raum kann ein Thema sein, ebenso wie der Zugang zu oder die Nutzung dieser Ressource oder dieses Raums.

Absatz 2: Staatsangehörigkeit

Um es mit den Worten von Agenonga Chober zu sagen: Jede politische Organisation (Staat) schließt die einen ein und die anderen aus37 , und das Element des Ausschlusses und des Einschlusses schlechthin in einem Staat ist die Staatsangehörigkeit.38 Für H. De Page ist die Staatsangehörigkeit das Band, das eine Person an eine Nation, an einen bestimmten Staat bindet. P. LEREBOURS-PIGEONNIERE definiert die Staatsangehörigkeit als das politische und rechtliche Band, das durch die Entscheidung eines Staates, einer internationalen Person, geschaffen wird und eine Person zu einem Untertan, d.h. zu einem Mitglied des Staates macht39. Darüber hinaus ist darauf hinzuweisen, dass der Internationale Gerichtshof in seinem Urteil vom 6. April 1955 die Staatsangehörigkeit als ein Rechtsverhältnis definiert hat, das auf einer sozialen Tatsache der Existenz, der Interessen und Gefühle sowie auf der Gegenseitigkeit von Rechten und Pflichten beruht40. Nach dem Völkerrecht kann also nur ein Staat seine Staatsangehörigkeit verleihen41. Grundsätzlich hat jeder Staat die Souveränität, die Regeln für die Verleihung seiner Staatsangehörigkeit festzulegen und damit zu bestimmen, wer seine Staatsangehörigen sind. Diese staatliche Zuständigkeit ist jedoch ausschließlich, d. h. nur der Staat, dessen Staatsangehörigkeit in Frage steht, ist befugt, seine Staatsangehörigen zu bestimmen. Dies ist z. B. beim Heiligen Stuhl nicht der Fall, der lediglich eine internationale Persönlichkeit ohne Staatscharakter ist42.

Es gibt jedoch Grenzen für die staatliche Gerichtsbarkeit43. Eine erste Grenze ergibt sich aus Artikel 15 der Allgemeinen Erklärung der Menschenrechte, wonach ein Staat einer Person weder willkürlich ihre Staatsangehörigkeit noch das Recht auf Wechsel ihrer Staatsangehörigkeit entziehen darf44. Der Verlust einer Staatsangehörigkeit nach dem Erwerb einer anderen wird jedoch nicht als willkürlich angesehen45. Nur Staatenlosigkeit muss vermieden werden. Im Rahmen unserer Studie verstehen wir die Staatsangehörigkeit als eine Verbindung, die eine juristische oder physische Person mit einem bestimmten Staat verbindet, und der Staat erkennt diese Eigenschaft an. Das Staatsangehörigkeitsrecht ist die Gesamtheit der Regeln, die es dem Staat ermöglichen, seine Bevölkerung zu definieren. Im Staatsangehörigkeitsrecht legt der Staat die Bedingungen für die Verleihung der Staatsangehörigkeit und den Verlust dieser Staatsangehörigkeit fest46. Jedem Staat steht es also frei, die Regeln für den Erwerb seiner Staatsangehörigkeit festzulegen. Es ist also Sache jedes Staates, zu entscheiden, welche seiner Bürger er erwerben möchte. Dennoch muss das Staatsangehörigkeitsrecht aus drei Elementen bestehen. Erstens kann ein Geberstaat seine Staatsangehörigkeit an eine Person verleihen. In diesem Fall muss der Staat international anerkannt sein, um dieses Privileg zu erhalten. Dann die Person, die von der Staatsangehörigkeit profitiert, sei es moralisch oder physisch. Und schließlich die Verbindung zwischen dem Staat, der die Staatsangehörigkeit verleiht, und der Person, die davon profitiert: Der Staat übt seine Zuständigkeit für seine Staatsangehörigen durch diplomatischen

Schutz aus, so dass die Staatsangehörigkeit die rechtliche und nicht die vertragliche Verbindung schafft, da eine Person die Staatsangehörigkeit eines Staates kraft Gesetzes und nicht kraft eines Vertrags besitzt.[47]

Absatz 3: Tutsis

Die Tutsis oder [Tutsi48] sind eine Gruppe von Menschen, die in der Region der Großen Seen in Afrika leben. In der Vergangenheit wurden sie oft als Watutsi, Watusi, Wahuma oder Wahima bezeichnet. Die Tutsi gehören wie die Hutus zu den Banyarwanda und Barundi und leben hauptsächlich in Ruanda und Burundi, aber auch in Uganda, Kongo-Kinshasa und Tansania. Sie machen etwa 15-20 % der Bevölkerung in Ruanda und Burundi aus. Sowohl Tutsis als auch Hutus sprechen Bantusprachen: Kinyarwanda in Ruanda und Kirundi in Burundi.[49]

Abschnitt 2: Theoretischer Rahmen

Wir sagen mit Albert Einstein, dass es die Theorie ist, die entscheidet, was wir beobachten können[50]. Aus diesem Grund werden wir eine Theorie vorstellen, die besser zu unserer Studie passt. Im Rahmen dieses Aufsatzes haben wir die Theorie des Kampfes der Kulturen.

Absatz 1: Theoretische Grundlage

The Clash of Civilizations" ist eine Theorie von Samuel Huntington, amerikanischer Professor für Politikwissenschaft, die er 1996 in seinem Buch "The Clash of Civilizations" darlegte. Seine zentrale These beruht auf der Beschreibung einer in acht Zivilisationen unterteilten Welt. Er ist nicht der Erfinder des Begriffs Clash of Civilizations. Er wurde erstmals [195751] von Bernard Lewis verwendet. Allerdings hat Bernard Lewis den Clash of Civilizations nie genau konzeptualisiert. Es war Samuel Huntington, der den Ausdruck mit seinem Bestseller The Clash of Civilizations and the Remaking of World Order, in dem er sich auf Bernard Lewis bezieht, populär machte.[52] Der Begriff "Kampf der Kulturen" ist nicht neu: Seine Theorie des Kampfes der Kulturen erschien erstmals in einem wissenschaftlichen Artikel in der Zeitschrift Foreign Affairs im [Jahr 199353]. Der Titel enthielt damals ein Fragezeichen: "The Clash of Civilizations? Im Jahr 1996 entwickelte er seine These auf 500 Seiten in einem Buch, das unter dem Titel The Clash of Civilizations and the Remaking of World [Order54] weltberühmt werden sollte. Samuel Huntington erhebt den Anspruch, ein neues Erklärungsparadigma für die internationalen Beziehungen vorzuschlagen, und zwar vor dem Hintergrund des zu Ende gehenden Jahrhunderts, in dem der Zusammenbruch der UdSSR das aus dem Kalten Krieg stammende bipolare Deutungsraster obsolet werden lässt.

Absatz 2: Theoretisches Postulat

Die zentrale These basiert auf der Beschreibung einer in acht Zivilisationen unterteilten Welt: Westliche, slawisch-orthodoxe, islamische, afrikanische, hinduistische, konfuzianische, japanische und lateinamerikanische. Eine Zivilisation ist, so Huntington, "die höchste Form der Gruppierung und die höchste Ebene der kulturellen Identität, die der Mensch braucht, um sich zu unterscheiden. Jede dieser Zivilisationen ist dazu bestimmt, einen führenden Staat zu haben, den Huntington einen "Flaggschiffstaat" nennt. Staaten, die sich zwischen mehreren zivilisatorischen Bereichen bewegen, wie z. B. Mexiko, werden als "zerrissene Länder" bezeichnet. Huntington betont, dass künftige Konflikte entlang der Trennungslinien dieser Zivilisationen ausgetragen werden. Daraus ergibt sich der Begriff des "Schocks": Ein Konflikt wird mit größerer Wahrscheinlichkeit zu einer großen Krise, wenn er Staaten aus verschiedenen Zivilisationen betrifft. Mit anderen Worten: Allein die Existenz dieser unterschiedlichen Zivilisationen kündigt einen nicht reduzierbaren Konflikt auf der internationalen Bühne an.

Abbildung 1: Huntingtons Karte der Zivilisationen

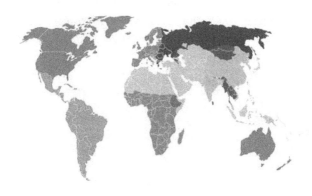

Quelle:https://fr.m.wikipedia.org/wiki/Fichier:Clash_of_Civilizations_world_map_final.sg

Für Huntington kommen Völker und Länder mit ähnlichen Kulturen zusammen, während Völker und Länder mit unterschiedlichen Kulturen sich trennen und Konflikte zwischen Staaten unterschiedlicher Zivilisationen wahrscheinlicher sind, weil sie unterschiedliche Sitten haben[55]. Daher ist in der neuen Welt, die wir jetzt haben, die lokale Politik ethnisch und die globale Politik zivilisatorisch geprägt. Staaten kooperieren und verbünden sich mit Staaten, die eine ähnliche oder gemeinsame Kultur haben, und geraten in Konflikt mit Staaten, die eine andere Kultur haben.[56]

Für Huntington ist dies eine Reaktion auf Francis Fukuyamas Theorie vom "Ende der Geschichte" (1992), die den Sieg des liberalen demokratischen Modells über alternative Ideologien und damit das Ende der großen Konfrontationen postuliert. Huntington lehnt diese friedliche Vision ab und prognostiziert stattdessen ein Erwachen der Identität. Diese Überlegung hat das Verdienst, die Berücksichtigung kultureller Faktoren in das Verständnis der internationalen Beziehungen wieder einzuführen. Durch die zentrale Stellung, die sie dem konfliktiven Charakter der internationalen Szene einräumt, fügt sie sich in eine realistische Perspektive ein, indem sie die traditionellen staatlichen Akteure durch zivilisatorische Blöcke ersetzt. Der unlösbare Aspekt von Konflikten ist umso ausgeprägter, als Zivilisationen durch ihre Langlebigkeit gekennzeichnet sind. Kurz gesagt, die Etappen der Huntingtonschen Argumentation wären wie folgt: Die Welt ist in Zivilisationen aufgeteilt, und diese Aufteilung führt dazu, dass sich die Zivilisationen an einem staatlichen Urteil ausrichten. Dieser Prozess bringt ein instabiles Gleichgewicht der Zivilisationen mit sich, folglich entsteht eine neue Ordnung der Zivilisationen, die durch eine globale politische Neuzusammensetzung, die sich um die Zivilisationen herum abspielt, übersetzt wird, die Konflikte werden zwischen den Zivilisationen stattfinden.

Absatz 3: Wahlmöglichkeiten und theoretische Kritik

Diese Theorie ist Gegenstand zahlreicher grundlegender Kritikpunkte. Zunächst einmal ist die Definition des Begriffs "Zivilisation" nicht überzeugend. So benennt Wang Jisi die Hauptkritikpunkte am "Kampf der Kulturen "[57] : unter anderem:

- Bei Konflikten wird es weiterhin um die Verteidigung von Staatsinteressen gehen;

- Auch wenn es Unterschiede zwischen den Zivilisationen gibt, entwickeln und verändern sie sich, und sie neigen dazu, trotz dieser Vielfalt Teil eines Prozesses der globalen Integration zu sein.

- Huntington scheint Schwierigkeiten zu haben, die Möglichkeit der Aufrechterhaltung der westlichen Hegemonie einzuschätzen; da sich die Welt auf eine Demokratie westlichen Stils zubewegt, sollte der Westen zuversichtlich sein.

- Dieser Theorie fehlt es also an einer Analyseebene. Es wird schwierig zu beurteilen, welche Konflikte - politische, wirtschaftliche, ideologische oder zivilisatorische - die wichtigsten sind.

Wir haben auch festgestellt, dass die Theorie des Kampfes der Kulturen einen etwas zu kleinen Maßstab behandelt, weil der Begriff der Identitäten, auf den sich Huntington bezieht, nicht auf die internationale Ebene übertragen werden kann, während man in nur einem Staat zwei Identitäten finden kann. Wir können hinzufügen, dass die Zivilisationen, die sich gegenüberstehen werden, eher die Staaten Nationen sind, nach dem europäischen Modell, aber nicht die afrikanischen, wo man in einem einzigen Staat mehrere Identitäten finden kann, weil man sich in Afrika zunächst an seine ethnische Gruppe bindet, bevor man sich in einem Land identifiziert, weshalb sogar die meisten Gesetze über die Nationalität in Afrika immer auf die ethnischen Gruppen verweisen. Ein Volk ist jedes Mal eine originelle, nicht reduzierbare und wertvolle Kombination aus einer Reihe von geopolitischen Kriterien, die wir zu beschreiben versuchen. Die Summe der nationalen Interessen stellt nicht unbedingt ein gemeinsames Interesse dar58. Daher ist ein Kampf der Kulturen möglich, und zwar nicht nur zwischen den Zivilisationen, aus denen sich die Staaten zusammensetzen, sondern auch zwischen ethnischen Gruppen, Familien, Clans, Rassen usw., d.h. zwischen allen menschlichen Gruppierungen.5 Dies sind die wichtigsten Kritikpunkte an Huntingtons Modell. Hinzu kommen mehrere Urteile zu dieser Theorie, insbesondere das von Dario Battistela in seinem Hauptwerk über die Theorien der internationalen Beziehungen, in dem er zugibt, dass er die Theorie des Kampfes der Kulturen wegen ihres unwissenschaftlichen Charakters nicht vertritt59.

In Anbetracht der Tatsache, dass diese Theorie im Mittelpunkt mehrerer Kritiker (Realisten und Idealisten) stand, wird deutlich, dass keine Theorie vollständig und konstant ist, denn im Bereich der internationalen Beziehungen hat sich keine Theorie jemals allen anderen Theorien untergeordnet. Jede Theorie unterliegt immer der Kritik, was die Theorie nicht unwissenschaftlich macht, sondern sie vielmehr ergänzt, weshalb wir uns für diese Theorie entschieden haben, da unser Studienobjekt kein Staat, sondern eine ethnische Gruppe ist. Andere Theorien der internationalen Beziehungen werden nicht in der Lage sein, unser Untersuchungsproblem zu erklären.

Abschnitt 3: Räumlicher Rahmen

In diesem Abschnitt schlagen wir vor, unsere Studienumgebungen in einer synthetischen Form vorzustellen: Ruanda, Uganda und die Demokratische Republik Kongo.

Absatz 1: Ruandische Republik

a) Historische Situation

Die Geschichte Ruandas ist, wie die anderer afrikanischer Länder, diejenige, die von den Westlern seit ihrem Eindringen in Afrika geschrieben wurde. Die großen territorialen Erkundungen begannen jedoch im 15. Jahrhundert60. Jahrhundert60. 1885 wurde Afrika auf der Berliner Konferenz zwischen den europäischen Mächten aufgeteilt, und Ruanda wurde dem Deutschen Reich zugeschlagen61.

Die ruandische Bevölkerung war auf zwei große Wirtschaftszweige ausgerichtet: Viehzucht und Landwirtschaft. Die Mehrheit der Tutsi waren Viehbesitzer und die Hutus waren Bauern. Die Reichen und die Armen unterschieden sich durch die Menge an Land und Vieh, die sie besaßen, und durch die Größe ihrer Reserven. Die Twa bildeten die dritte Gruppe und zeichneten sich durch die Herstellung von Töpferwaren aus. Die Menschen in Ruanda teilten Sprache, politische und kulturelle Traditionen und wurden von Blutfürsten aus beiden sozialen Gruppen regiert. Ein Clan, der von einer Tutsi-Linie angeführt wurde, dominierte Ruanda und sein Mwami galt als König von Ruanda. Die Bevölkerung teilte dieselbe Religion, konnte manchmal untereinander heiraten und durch eine Gunst des Mwami, die einer Adelung gleichkam, von einer Kaste in die andere überwechseln62. 1919 wurde Ruanda offiziell unter belgischer Treuhänderschaft anerkannt. Nach dem Zweiten Weltkrieg überließen die Belgier angesichts des aufkommenden Antikolonialismus innerhalb der Tutsi-Elite und in Anbetracht der Tatsache, dass sie die Hutus für weniger intelligent hielten und daher weniger schnell ihre Unabhängigkeit einforderten, alle hohen Positionen den Hutus. 1959 kam es zu einer sozialen Revolution, die viele Tutsi dazu zwang, das Land zu verlassen und sich in den angrenzenden Ländern, Kongo und Uganda, niederzulassen. Die postkolonialen Führer Ruandas standen einem Staat vor, der die ethnische Spaltung fortsetzte. Sie verfolgten eine Politik der Ausgrenzung und systematischen Unterdrückung, die langfristig die Stabilität des Landes bedrohte und schließlich zu einem Bürgerkrieg führte, der im Völkermord von 1994 gipfelte.

b) Geografischer Standort

Ruanda (offiziell Republik Ruanda) ist ein Hochland in Zentralafrika (daher der Spitzname "Land der tausend Hügel") und liegt an der Trennlinie zwischen Kongo und Nil im Herzen der Region der Großen Seen. Das Land grenzt im Westen und Nordwesten an die Demokratische Republik Kongo (Kinshasa), im Norden an Uganda, im Osten an Tansania und im Süden an Burundi. Mit Ausnahme des kleinen Burundi (im Süden), das nur 27.834 km² groß ist, ist Ruanda von großen Ländern umgeben, darunter Tansania (im Osten und Südosten) mit 941.550 km² und vor allem im Westen Kongo-Kinshasa mit 2.345.410 km². Aufgrund seiner geografischen Lage befindet sich Ruanda also an der Grenze zwischen den französischsprachigen Ländern im Westen und den englischsprachigen Ländern im Osten und Südosten. Die Hauptstadt Kigali befindet sich in der Mitte des Landes. Ruanda ist mit einer Fläche von 26 338 km² einer der kleinsten Staaten des Kontinents, der nur 86 % des belgischen Staatsgebiets ausmacht, aber eine der höchsten Bevölkerungsdichten aufweist.

c) Wirtschaftliche Lage

Zwischen 2008 und 2018 verzeichnete Ruanda mit durchschnittlich 7,4 % pro Jahr das stärkste Wachstum in der Ostafrikanischen Gemeinschaft (OAG), dank massiver öffentlicher Investitionen, die darauf abzielen, Ruanda zu einem Drehkreuz zu machen, zunächst für Logistik, dann für Finanzen und Innovation. Seit 2012 konzentriert sich die Regierung auf die Strategie für Meetings, Incentives, Konferenzen, Events und Ausstellungen (MICE), um den Geschäftstourismus anzuziehen, und hat sich ehrgeizige Ziele für die Verbesserung der Straßen-, Schienen- und Flughafeninfrastruktur gesetzt. Mehrere Reformen zur Verbesserung des Geschäftsklimas haben es dem Land ermöglicht, im Doing Business 2020 von Platz 41 im Jahr 2018 auf Platz 38 von 190 vorzurücken. Trotz dieses starken Wachstums ist das Land starken strukturellen Zwängen ausgesetzt, wie z. B. seiner Binnenlage und der Enge seines Binnenmarktes (12 Millionen Einwohner, BIP pro Kopf von 825 USD im Jahr 2019). So ist der Agrarsektor, auf den 31 % des BIP entfallen und in dem 62 % der Bevölkerung beschäftigt sind, durch eine geringe Produktivität gekennzeichnet. 2019 erreichte das BIP-Wachstum 10,1 % und wurde vor der Krise auf 8 % im Jahr 2020 geschätzt. Die neuen Schätzungen gehen von einer Verlangsamung auf 3,5 % im Jahr 2020 nach Angaben des IWF und 2 % nach Angaben der ruandischen Regierung aus. Dem Dokument zufolge wird die Widerstandsfähigkeit der Wirtschaft imJahr 2020 auf der Landwirtschaft und dem Baugewerbe beruhen, die durch das öffentliche Auftragswesen angetrieben werden. Das Hotel- und Gaststättengewerbe ist von der Krise besonders betroffen (-31 %). Es wird erwartet, dass sich das Wachstum erholen wird. Dies wird durch öffentliche und private Investitionsprojekte und den Baubeginn des internationalen Flughafens Bugesera vorangetrieben.

d) Demografische Situation

Vor dem Völkermord 1994 war die Bevölkerungsdichte mit 301 Einwohnern pro Quadratkilometer (1991) eine der höchsten in Afrika. Heute ist das Land menschenleer und die Hauptstadt Kigali ist von 140 000 Einwohnern im Jahr 1991 auf mehr als eine Million im Jahr 2006 angewachsen. Im Jahr 2013 lag die Einwohnerzahl Ruandas bei 11,4 Millionen, im Jahr 2018 dagegen bei 12,3 Millionen. Es sei daran erinnert, dass die Bevölkerung Ruandas 1996 auf 7,7 Millionen geschätzt wurde, während sie bei der Volkszählung 1991 auf fast 8 Millionen und 2005 auf 8,5 Millionen anstieg. Zwischen 1993 und 1994 kamen im Bürgerkrieg rund 800 000 Menschen ums Leben, und zwei Millionen Menschen wurden aus dem Land vertrieben (hauptsächlich nach Kongo-Kinshasa und Tansania). Außerdem gab es drei Millionen Binnenflüchtlinge. Etwa 80 % der Bevölkerung waren 1996 ethnische Hutu. Fast 19 % der Bevölkerung waren Tutsi, und mehr als 0,5 % gehörten der Ethnie der Twa an.

Nach Schätzungen von 1996 waren etwa 74 % der Bevölkerung Christen (65 % Katholiken und 9 % Protestanten), während fast 25 % Animisten waren. Der Anteil der Muslime an der Bevölkerung betrug etwa 1 %. Die Spaltung zwischen Hutus und Tutsis besteht fort, da sich die Hutus von den Entscheidungszentren ausgeschlossen fühlen. Das Problem in Ruanda ist wie immer die Aufteilung der Macht zwischen Hutus und Tutsi. Heute wie damals ist es die ungleiche Verteilung der Macht, die den Kreislauf der Gewalt antreibt und seit der Unabhängigkeit des Landes im Jahr 1961 immer wieder ausbricht.

e) Politische und administrative Situation

Ruanda hat seine politische Stabilität seit dem Völkermord an den Tutsi im Jahr 1994 bewahrt. Bei den Parlamentswahlen im September 2018 behielt die Ruandische Patriotische Front ihre absolute Mehrheit, während Frauen 61 Prozent der Sitze errangen. Bei den Wahlen zogen auch zwei Oppositionsparteien, die Demokratische Grüne Partei Ruandas und die Soziale Partei Imberakuri, zum ersten Mal ins Parlament ein und gewannen jeweils zwei Sitze. Präsident Paul Kagame wurde im August 2017 für eine siebenjährige Amtszeit wiedergewählt, nachdem im Dezember 2015 eine Verfassungsänderung verabschiedet worden war, die es ihm ermöglichte, für eine dritte Amtszeit zu kandidieren.Ruanda ist eine Präsidialrepublik. Der Präsident wird de jure in allgemeinen Wahlen gewählt; das ruandische Parlament besteht aus zwei Kammern: der Abgeordnetenkammer und dem Senat. Die politischen Parteien kommen unabhängig von ihren üblichen Aktivitäten in einem Konsultationsforum zusammen, und die Entscheidungen werden im Konsens getroffen. Die Justiz besteht aus dem Obersten Gerichtshof, dem Obersten Gerichtshof der Republik, den Provinzgerichten, den Bezirks- und Stadtgerichten sowie den Sondergerichten: Gacaca, Militärgerichte, usw. Die Politik Ruandas ist stark von den Folgen des Völkermords an den Tutsi im Jahr 1994, der schlechten Entwicklung und der Instabilität in der afrikanischen Region der Großen Seen geprägt. Im Jahr 2008 war das ruandische Parlament das erste der Welt, das mehrheitlich aus Frauen bestand. Im Jahr 2015 belegte Ruanda im Global Gender Gap Report den sechsten Platz in Bezug auf die Gleichstellung von Frauen und Männern in der Welt.

Absatz 2: Republik Uganda
a) Historische Situation

Mehrere Quellen weisen darauf hin, dass Menschen Uganda vor etwa 1,5 Millionen Jahren besiedelt haben. Es ist bekannt, dass sich Bantu-Bauern und nilotische Hirtenvölker vor langer Zeit in der Region der Großen Seen in Afrika niedergelassen haben. Die ersten Europäer, die nach Uganda vordrangen, waren britische Entdecker, die auf der Suche nach den Quellen des Nils waren und 1894 von Mwanga, dem Sohn von Mutesa I., die Unterzeichnung eines Protektoratsabkommens erhielten[63].Bereits 1945 wurden in Buganda zwischen den Kriegen Forderungen nach Unabhängigkeit laut. Die Verhandlungen, die 1962 zur Unabhängigkeit Ugandas führten, waren jedoch langwierig und mühsam. Die Lösung, die in der ersten Verfassung zum Ausdruck kam, war eine föderale Lösung, an der die vier ehemaligen Königreiche beteiligt waren. 1962 wurde Uganda ein unabhängiger Bundesstaat, mit Kabaka Mutesa II. als Staatsoberhaupt und Milton Obote als Premierminister. Im Jahr 1965 nutzte Obote einen Umsturzversuch gegen seine Regierung, um die Verfassung von 1962 außer Kraft zu setzen und die Ämter des Staatsoberhaupts und der Regierung zusammenzulegen. Im Mai 1966 entsandte Obote die Armee und zwang den König ins Exil. Danach wurde Obotes Regime durch den Widerstand der ugandischen Bevölkerung, den wirtschaftlichen Niedergang des Landes und die gegen ihn erhobenen Korruptionsvorwürfe rasch destabilisiert. Deshalb nutzte General Idi Amin Dada die Abwesenheit von Präsident Obote und führte am 25. Januar 1971 einen Staatsstreich durch. Mit der Errichtung einer Militärdiktatur wurde die Armee zum zentralen Organ des Regimes, und seiner Macht waren keine Grenzen gesetzt. Er löste das Parlament auf, verbot politische Aktivitäten und regierte per Dekret. Er wurde von der tansanisch-ugandischen Koalition auf der Flucht besiegt.[64] Bei den Wahlen im Dezember 1980 erklärte sich Milton Obote zum Sieger der heiß umkämpften Wahlen und schaffte es, die Macht wiederzuerlangen, indem er mit dem Einsatz seiner Militäreinheiten drohte. 1985 und 1986 kam es nach mehreren Jahren der Anarchie, Stammesaufständen und Unterdrückung zu zwei aufeinanderfolgenden Putschen. Der Staatsstreich vom 27. Juli 1985 unter der Führung von General Tito Okellor führte zum Sturz von Milton Obote, aber der Staatsstreich vom 25. Januar 1986 brachte General Yoweri Museveni, den Führer der NRA, an die Macht, der Okello gestürzt hatte. So wurde Yoweri Museveni am 29. Januar 1986 Präsident der Republik Uganda, nachdem er einen fünfjährigen Befreiungskampf gegen die vorherigen tyrannischen Regime erfolgreich geführt hatte. Die Regierung von Yoweri Museveni leitete weitreichende Reformen ein, darunter die Wiederherstellung von Recht und Ordnung und die Stärkung der Staatsgewalt.

b) Geografischer Standort

Die Republik Uganda ist ein Staat in Ostafrika, der im Norden an den Südsudan, im Osten an Kenia, im Süden an Tansania und Ruanda und im Westen an Kongo-Kinshasa grenzt. Uganda, dessen Hauptstadt Kampala ist, erstreckt sich über eine Fläche von 241.038 km², was der Größe Großbritanniens entspricht. Die Hauptstadt Kampala ist mit 1,5 Millionen Einwohnern die größte Stadt des Landes und liegt am Nordufer des Viktoriasees. Sie hat den Status einer Stadtgemeinde und ist die einzige Stadt mit diesem Privileg in Uganda. Kampala ist auch die Hauptstadt des Königreichs Buganda. Die anderen großen Städte sind Jinja, Mbale und Entebbe, die ehemalige Hauptstadt bis zur Unabhängigkeit. Uganda hat vier geografische Regionen ohne Verwaltungsstatus (Nord, Ost, West und Zentral) und 48 Verwaltungsbezirke: Adjumani, Apac, Arua, Bugiri, Bundibugyo, Bushenyi, Busia, Gulu, Hoima, Iganga, Jinja, Kabale, Kabarole, Kalangala, Kampala, Kamuli, Kapchorwa, Kasese, Katakwi, Kibale, Kiboga, Kisoro, Kitgum, Kotido, Kumi, Lira, Luwero, Masaka, Masindi, Mbale, Mbarara, Moroto, Moyo, Mpigi, Mubende, Mukono, Nakasongola, Nebbi, Ntungamo, Pallisa, Rakai, Rukungiri, Sembabule, Soroti und Tororo. Uganda verfügt über mehrere Seen und Flüsse, die so genannten Binnengewässer. Diese Seen bedecken 15 % der Landesfläche. Die Hälfte des großen Viktoriasees liegt in Uganda; zum Land gehören auch der Kyoga- und der George-See, die den Edward-See speisen, der wiederum den Albert-See speist; von diesem See fließt der Nil durch das Land in den Südsudan.[65]

c) **Wirtschaftliche Lage**

Uganda hat seit dem Jahr 2000 ein hohes Wirtschaftswachstum verzeichnet (durchschnittlich 7,3 % pro Jahr). Die Fortschritte bei der Verringerung der Ungleichheit waren jedoch nicht so schnell, was hauptsächlich auf eine der höchsten Bevölkerungswachstumsraten der Welt (3,3 % pro Jahr) zurückzuführen ist. Die ugandische Wirtschaft steht vor einer Reihe großer Herausforderungen, darunter der Ausbau und die Modernisierung der Infrastruktur, die Steigerung der Produktivität im Agrarsektor, die Förderung der Entwicklung des Privatsektors (insbesondere angesichts der angespannten Finanzmärkte) und die Erhöhung der öffentlichen Investitionen. Die kurzfristigen Aussichten sind günstig, insbesondere dank der Durchführung großer Wasserkraft- und Verkehrsinfrastrukturprojekte (die den Bausektor stützen werden), der von der Inlandsnachfrage getragenen Dienstleistungstätigkeit (50 % des BIP) und der Fortsetzung der Politik der Konjunkturstützung durch die Regierung. Das Wachstum dürfte auch durch die für 2018 geplante Inbetriebnahme der Pipeline nach Tansania für den Transport von Erdöl, das ab 2022 aus dem Albertsee gefördert werden soll, angekurbelt werden. Bessere Ernten (höhere Kaffeeerträge) und ein relativ stabiler Schilling dürften den Preisanstieg begrenzen, aber die starke Inlandsnachfrage und das Risiko der Holländischen Krankheit bei der Ölförderung könnten zu einem anhaltenden Inflationsdruck beitragen. Die öffentliche Verschuldung Ugandas, die 2019 voraussichtlich 44 % des BIP erreichen wird, beginnt ebenfalls, die Attraktivität des Landes zu beeinträchtigen, wobei die Tendenz weiter ansteigt. Das Defizit wird weiterhin hauptsächlich durch Kredite zu Vorzugsbedingungen finanziert.

d) Demografische Situation

Die Bevölkerung Ugandas wurde 2014 auf 34,6 Millionen geschätzt, 2016 waren es 41,6 Millionen. Die Bevölkerung ist relativ gleichmäßig auf die vier großen Regionen des Landes verteilt, wobei der Norden etwas weniger bevölkert ist. Uganda hat eine der höchsten Bevölkerungswachstumsraten der Welt mit einer geschätzten Fruchtbarkeitsrate von etwa 6 Kindern pro Frau. Die Bevölkerung des Landes hat sich zwischen 1950 und 2015 verachtfacht. Das Konzept des "Creative City-Konzepts" ist ein Schlüsselelement des "Creative City-Konzepts", das auf dem Konzept des "Creative City-Konzepts", das auf dem Konzept des "Creative City-Konzepts", das auf dem Konzept des "Creative City-Konzepts", das auf dem Konzept des "Creative City-Konzepts" beruht. Das Creative City-Konzept wurde im Rahmen des Creative City-Konzepts entwickelt. Die Mehrheit der Ugander sind Christen, davon 33 % Katholiken und 33 % Protestanten. Außerdem gibt es 16 % Muslime und 18 % Animisten.

e) Politische und administrative Situation

Bis 2005 war Uganda eine Ein-Parteien-Republik, in der alle ugandischen Bürger Mitglieder der einzigen Partei waren. Politische Parteien sind de facto als Gruppierungen zugelassen, aber Oppositionskandidaten treten bei Wahlen als unabhängige Kandidaten an. Doch am 29. Juli 2005 wurde die Verfassungsänderung durch ein Referendum bestätigt und ein Mehrparteiensystem wieder zugelassen. Die Befürworter erhielten 92,6 % der Stimmen, und die Wahlbeteiligung lag bei nur 47 %. Die große Mehrheit der Opposition, die zu einem Boykott aufgerufen hatte, prangerte die unrealistischen Beteiligungszahlen an. Uganda ist in 111 Distrikte (Stand: Juli 2010) in vier Großregionen (Nord, Ost, Zentral und West) unterteilt. Die Bezirke wurden in einem erfolglosen Versuch, Museveni zu stürzen, in Unterbezirke, Grafschaften, Unterbezirke, Gemeinden und Dörfer unterteilt. Neben den administrativen Unterteilungen sind sechs traditionelle Bantu-Königreiche mit begrenzter Autonomie, vor allem kultureller Art, erhalten geblieben. Diese sind Toro, Ankole, Busoga, Bunyoro, Buganda und Rwenzururu.[66]

Absatz 3: Demokratische Republik Kongo

a) Historische Situation

Das Gebiet der Demokratischen Republik Kongo war früher ausschließlich von Jägern und Sammlern bevölkert, die vielleicht zum Teil Vorfahren der heutigen Pygmäenvölker waren. Gegen Ende des Mittelalters errichteten verschiedene Völker, die damals in Häuptlingstümern organisiert waren, Königreiche (Luba, Kuba, Lunda, Kongo usw.), von denen einige ihren Höhepunkt mit den ersten Kontakten zu Europäern im 15. Am 30. Juni 1960 erlangte der Kongo in vollem Einvernehmen und in Freundschaft mit Belgien seine Unabhängigkeit. Wenige Tage später kam es zu einer Meuterei der Polizei, die in Anarchie ausartete.67 Premierminister Lumumba wurde im Jahr 196168 ermordet. Premierminister Lumumba wurde 196168 ermordet, Präsident Mobutu putschte 1965 und blieb 32 Jahre lang an der Macht, bis Kinshasa 1997 von der AFDL unter der Führung von Laurent Désiré Kabila übernommen wurde, der ermordet wurde und dann von seinem Sohn Joseph Kabila abgelöst wurde, der das Land vereinigte und die ersten demokratischen Wahlen im Land organisierte, die er gewann. Joseph Kabila wird 2011 wiedergewählt, bevor er am 24. Januar 2019 die Macht an seinen Nachfolger Felix Antoine Tshisekedi abgibt, der die Wahlen vom 30. Dezember 2018 gewonnen hatte.

b) Geografischer Standort

Dieses Land wird offiziell Demokratische Republik Kongo oder DRK genannt. Es ist ein Land mit einer sehr großen Fläche von 2,3 Mio. km², etwa 33-mal so groß wie die Benelux-Staaten (Belgien, Niederlande und Luxemburg), viermal so groß wie Frankreich oder doppelt so groß wie Quebec, also so groß wie ganz Europa ohne Spanien und das Vereinigte Königreich. In Afrika ist nur Algerien größer als die Demokratische Republik Kongo, die im Westen an Kongo-Brazzaville, im Norden an die Zentralafrikanische Republik und den Südsudan, im Osten an Uganda, Ruanda, Burundi und Tansania und im Süden an Sambia und Angola grenzt. Kongo-Kinshasa hat neun Grenzen mit seinen Nachbarn und ist bis auf wenige Kilometer Küste am Atlantischen Ozean ein Binnenstaat.[69]

Das Gebiet von Kongo-Kinshasa grenzt im Osten an die afrikanische Region der Großen Seen und befindet sich aufgrund seiner geografischen Lage an der "Grenze" zwischen den "frankophonen" Ländern im Norden und den "englischsprachigen" Ländern im Südwesten mit Ruanda und Burundi. Während im Nordwesten Kongo-Brazzaville und die Zentralafrikanische Republik Französisch als Amtssprache haben (ganz zu schweigen von Ruanda und Burundi), ist in Uganda und Tansania wie im Sudan Englisch Amts- oder Halbamtssprache. Angola im Südwesten hat Portugiesisch als Amtssprache.

c) Wirtschaftliche Lage

Mit einem außerordentlich rohstoffreichen Untergrund, neun angrenzenden Ländern und einer geschätzten Bevölkerung von über 90 Millionen Einwohnern nimmt die Demokratische Republik Kongo eine zentrale Position auf dem Kontinent ein. Sie verfügt über ein gigantisches Wasserkraftpotenzial (100.000 MW), d. h. ein Drittel des Potenzials des Kontinents, und 60 % ihrer Fläche bestehen aus Wäldern. Die Demokratische Republik Kongo gilt als echter "geologischer Skandal", da der Untergrund sehr reich an Bodenschätzen ist (Kupfer, erster Produzent in Afrika; Kobalt, erster Produzent der Welt; Coltan, Gold, Diamanten). Seine Wirtschaft spiegelt das Phänomen des "Rohstoffsyndroms" wider: die schwache Entwicklung seiner Wirtschaft und die anhaltende Armut trotz der Ausbeutung seines natürlichen Reichtums.[70]

Die Demokratische Republik Kongo gehört zu den am wenigsten entwickelten Ländern (LDC) und ist das achtärmste Land der Welt. Mit einem BIP von 48,46 Mrd. USD bzw. 496 USD pro Kopf im Jahr 2018 sind die Entwicklungsindikatoren des Landes nach wie vor rückständig. Obwohl sich die Armutsquote von 71,4 % im Jahr 2005 auf 63,4 % im Jahr 2012 verbessert hat, hat die Demokratische Republik Kongo beim weltweiten HDI-Rang (176. Platz von 188 Ländern im Jahr 2018) keine Fortschritte gemacht und liegt damit weiterhin unter dem Durchschnitt der afrikanischen Länder südlich der Sahara. Mehr als 90 % der Exporte sind Rohstoffe und 40 % davon gehen nach China, wodurch die Wirtschaft des Landes in hohem Maße sowohl vom Rohstoffzyklus als auch von der chinesischen Nachfrage abhängig ist[71].

Im Jahr 2015 entfielen 20,6 % des BIP auf die Landwirtschaft, 32,5 % auf die Industrie und 46,9 % auf den Dienstleistungssektor. Der Bergbausektor ist durch eine zunehmend starke chinesische Präsenz gekennzeichnet und macht zusammen mit dem Ölsektor 90 % der Ausfuhren der DRK aus. Die Agrarexporte sind rückläufig und nicht sehr produktiv. Der Anbau von Nahrungsmitteln hat Schwierigkeiten, die lokale Nachfrage zu decken. Importierter Mais spielt inzwischen eine wichtige Rolle für den Verbrauch der städtischen Haushalte.[72]

d) Demografische Situation

Die Demokratische Republik Kongo ist eines der multiethnischsten Länder Afrikas mit einer geschätzten Bevölkerung von über 90 Millionen Menschen. Kurz gesagt, die Demokratische Republik Kongo könnte man als das "erste frankophone Land der Welt" bezeichnen, noch vor Frankreich. Dennoch handelt es sich um ein Sammelsurium von Völkern unterschiedlicher Herkunft, die viele Sprachen sprechen. 250 Ethnien leben in der Demokratischen Republik Kongo, die sich in mehrere Gruppen unterteilen lassen. Die erste Gruppe besteht aus den Bantu-Völkern (etwa 80 % der Bevölkerung), deren wichtigste ethnische Gruppen die Luba (18 %), die Mongo (17 %) und die Kongo (12 %) sind. Die ethnischen Gruppen, die nicht zu den Bantu gehören, verteilen sich auf die Sudanesen (Ngbandi, Ngbaka, Mbanja, Moru-Mangbetu und Zande), die Niloten (Alur, Lugbara und Logo), die Chamiten (Hima) und die Pygmäen (Mbuti, Twa, Baka, Babinga). Die Niloten und Chamiten, die einst das Niltal verließen, wurden mit den Bantu-Migrationen konfrontiert, mussten aber nach und nach weichen.[73] Die Mehrheit der Kongolesen ist christlich. Die Katholiken machen 40 % der Bevölkerung aus, die Protestanten 35 % und die Kimbanguisten (eine wichtige Kirche afrikanischen Ursprungs) 10 %. Außerdem gibt es kleine muslimische (9 %), jüdische und griechisch-orthodoxe Gemeinden.

e) Politische und administrative Situation

Die Demokratische Republik Kongo hat sich für ein semipräsidentielles System entschieden. Die Nationalversammlung besteht aus zwei Kammern. Die wichtigsten Institutionen sind: der Präsident, die Nationalversammlung, die Regierung und die Gerichte und Tribunale. Das Land ist in fünfundzwanzig Provinzen und die Provinzhauptstadt Kinshasa unterteilt. Nach der Verfassung haben die Provinzen zwei Organe: die Provinzexekutive und die Provinzversammlung. Es gibt etwa hundert politische Parteien, darunter die Präsidentenmehrheit, der mehrere politische Parteien angehören. Der Präsident der Republik wird in direkter Wahl in einem Wahlgang gewählt. Das Gleiche gilt für die nationalen Abgeordneten. Die Senatoren, Gouverneure und Vizegouverneure werden indirekt von den Provinzversammlungen gewählt. Der derzeitige Präsident der Republik ist seit 2019 im Amt, er hat drei Jahre seiner Amtszeit hinter sich und kann noch für eine zweite Amtszeit kandidieren. Gemäß Artikel 220 der Verfassung der Demokratischen Republik Kongo vom 18. Februar in der bisher geltenden Fassung.

KAPITEL ZWEI

DIE STAATSANGEHÖRIGKEIT IM KONGOLESISCHEN RECHT UND DIE AUSWIRKUNGEN AUF RWANDA UND RWANDA

Über die Staatsangehörigkeit zu sprechen, hat für uns einen rechtlichen Charakter, weshalb es in diesem Kapitel darum geht, die Frage der Staatsangehörigkeit der Tutsi nach kongolesischem Recht und die Verwicklung Ruandas und Ugandas zu analysieren.

Abschnitt 1: Die Staatsangehörigkeit der kongolesischen Tutsi im kongolesischen Recht

Absatz 1: Entstehung einer kongolesischen Staatsangehörigkeit

Seit der Angliederung des EIC an Belgien gab es nur eine Nationalität, die belgische Nationalität. Um der kongolesischen Bevölkerung den Zugang zum politischen Leben zu erleichtern, war es also notwendig, ein Element zu finden, das die nationale Einheit bilden konnte, der man die Staatsangehörigkeit zuteilen würde. Maurice VERSTRAETE erklärt uns das:[74]

• Die nationale Einheit kann nicht auf einem geografischen Element beruhen, da der Belgisch-Kongo eine künstliche Schöpfung der Europäer war. Das Gebiet von Belgisch-Kongo wurde nur durch den Willen der Belgier geschaffen. Man bemerkt die künstliche Einheit des Kongo, dessen Grenzen die ethnischen Realitäten nicht berücksichtigten;

• Die nationale Einheit kann nicht auf der Grundlage einer Religion hergestellt werden, da keine Religion mit nationalem Charakter auf dem gesamten Gebiet des Kongo eingeführt wurde.

• Die nationale Einheit kann auch nicht auf einer Dynastie beruhen, denn die vorkolonialen Reiche betrafen nicht den gesamten Kongo, sondern nur einige Teile und andere erstreckten sich auf andere Länder. Wie das Kongo-Königreich, das bis nach Angola reichte, das Azande-Königreich, das sogar den Sudan berührte, usw.

• Eine nationale Einheit auf einer nationalen Sprache zu bilden, die von allen Kongolesen gesprochen wurde, war unmöglich, denn die Sprache stellt ein Kapitalelement der Vereinigung nur dort dar, wo die Bevölkerungen ihm den Wert eines nationalen Kriteriums zuschreiben, nur dort, wo sie dort einen Grund des Zusammenkommens sehen wollen.

Die nationale Einheit könnte dadurch entstehen, dass der gleiche administrative Rahmen, die gleiche Gesetzgebung, die gleiche Politik, die gleiche Bildung und das gleiche Wirtschaftssystem die Bevölkerung des Landes stark prägen und dazu beitragen, ihr eine andere Mentalität zu geben als der Bevölkerung der Nachbarländer. So entsteht eine nationale Einheit. Die Verwirklichung einer kongolesischen Staatsangehörigkeit hängt also nur von den kongolesischen Staatsangehörigen ab. Es liegt an der kongolesischen Bevölkerung, den Zeitpunkt zu beschleunigen oder zu verzögern, an dem die kongolesische Staatsangehörigkeit und der kongolesische Staat zusammenfallen werden. Der Autor weist darauf hin, dass die von Belgien erlassenen Gesetze über die kongolesische Staatsangehörigkeit nicht zu berücksichtigen seien, da sie aus einem anderen Land stammten.

Absatz 2: Kongolesisches Gesetz über die Staatsangehörigkeit der kongolesischen Tutsi

a) Das Grundgesetz und der Runde Tisch

Das Grundgesetz, die allererste Verfassung der Demokratischen Republik Kongo, definierte die kongolesische Staatsangehörigkeit nicht. Darin heißt es ganz klar: Der Kongo bildet in seinen derzeitigen Grenzen ab dem 30. Juni einen unabhängigen Staat, dessen Einwohner unter den vom Gesetz festgelegten Bedingungen dieselbe Staatsangehörigkeit besitzen, in dessen Hoheitsgebiet sie sich frei bewegen und niederlassen können und in dem auch der Warenverkehr ungehindert möglich ist.[75] Das bedeutet, dass in dieser Entschließung nicht festgelegt wird, wer Kongolese ist und wer nicht.75 Die am Runden Tisch anwesende Delegation bestand jedoch aus denjenigen, die Belgien als kongolesisch betrachten. Denn in dieser Zeit war die Frage der Nationalität nicht wirklich sichtbar. Hinzu kommt, dass die Banyarwanda-Gemeinschaft, zu der auch die Tutsi gehören, mit 4 Banyarwanda an der Konferenz des Runden Tisches in Brüssel teilgenommen hat, auf der die Unabhängigkeit des Kongo beschlossen wurde76.

Bei den Wahlen auf Provinzebene und auf nationaler Ebene 1960 wurden mehrere Banyarwanda-Politiker gewählt, darunter auch einige Tutsi: Cyprien Rwakabuba Shinga, Tutsi aus Rutshuru, Provinzabgeordneter seines Herkunftsgebiets; Jean Ruiyereka, Tutsi aus Masisi, Provinzabgeordneter dieses Gebiets77.

Wir können verstehen, dass es in dieser Zeit in der Demokratischen Republik Kongo kein Problem war, Tutsi zu sein oder nicht, denn die Bevölkerung betrachtete sich gegenseitig als Kongolesen, da wir gerade gesehen haben, dass die Tutsi an der belgisch-kongolesischen Konferenz teilgenommen hatten und daher weniger Recht hatten, denn sprechen wir über den runden Tisch zwischen den Belgiern und den Kongolesen?

b) Verfassung von Luluabourg

Diese Verfassung vom 1. August 1964, die als "Verfassung von Luluabourg" bekannt ist, ist die erste Verfassung der Demokratischen Republik Kongo, die dem vom 25. Juni bis 10. Juli 1964 durchgeführten Verfassungsreferendum unterlag. Sie ist nach der Verfassung vom 30. Juni 1960 die zweite Verfassung der DRK als souveräner Staat. Sie klärt die kongolesische Staatsangehörigkeit, indem sie die Existenz einer einzigen kongolesischen Staatsangehörigkeit festschreibt, die seit dem 30. Juni 1960 jeder Person zuerkannt wird, deren Vorfahren Angehörige eines Stammes oder eines Teils eines Stammes sind oder waren, der vor dem 18. Oktober 1908 auf dem Gebiet des Kongo ansässig war[78]. Diese Verfassung sollte eigentlich die gesamte transplantierte Banyarwanda-Bevölkerung von Masisi ausschließen.

c) Die Verfassung von 1967

Diese Verfassung der Mobutu-Ära behandelte die Frage der Staatsangehörigkeit in der DRK nicht, aber in Artikel 40 kann man lesen, dass die Frage der Staatsangehörigkeit durch ein Gesetz geregelt wird. Wir können feststellen, dass die Tutsi zu dieser Zeit Kongolesen waren und es immer noch sind. Trotz der Tatsache, dass sie aus sozialer Sicht unter den Augen einiger Leute zu Ausländern wurden.

d) Gesetz n°002 vom 5. Januar 1972

Zur Konkretisierung des Artikels 40 der Verfassung von 1967 wurde das Gesetz Nr.1972-002 vom 5. Januar 1972 über die zairische Staatsangehörigkeit erlassen. Dieses Gesetz erinnert an die Existenz einer zairischen Nationalität und legt fest, daß alle Personen, deren Vorfahren einem der Stämme angehören oder angehört haben, die auf dem Territorium der Republik Zaire innerhalb ihrer Grenzen vom 15. November 1908, geändert durch spätere Abkommen, ansässig waren, Zairer im Sinne von Artikel 5 der Verfassung vom 30. Juni 1960 sind. Für die Tutsi und die anderen Banyarwanda schreibt Artikel 15 desselben Gesetzes vor, daß die aus Ruanda-Urundi stammenden Personen, die sich vor dem [1]. Januar 1950 in der Provinz Kivu niedergelassen haben und sich seither bis zum Inkrafttreten des vorliegenden Gesetzes in der Republik Zaire aufhalten, am 30. Juni 1960 die zairische Staatsangehörigkeit erwerben. Doch all dies ist einem Tutsi, Bisengimana, zu verdanken, der Kabinettschef des Diktators Mobutu war.

e) Gesetz n°002 vom 29. Juni 1981

Dank einer internen Manipulation wird davon ausgegangen, dass die Banyarwanda 1972 kollektiv die kongolesische Staatsangehörigkeit erworben haben. Das Gesetz Nr. 1981/002 vom 29 Juni 1981 über die zairische Staatsangehörigkeit begründete dies damit, dass der kollektive Charakter des Erwerbs der Staatsangehörigkeit abgeschafft und durch den des individuellen Erwerbs ersetzt werden sollte. Das neue Gesetz hob nicht nur das Gesetz von 1972 auf, sondern strich auch ausdrücklich Artikel 15 des Gesetzes von 1972, der bestimmten Gruppen von in Zaire ansässigen Ausländern kollektiv die zairische Staatsangehörigkeit verlieh80. Die Folge dieses Gesetzes war, daß alle Banyarwandas staatenlos wurden. Auch wenn die Eingeborenen der Hochebene von Itombwe (heute Banyamulenge) vor der Kolonisierung in Zaire angesiedelt waren, waren sie in den Augen dieses Gesetzes ebenfalls staatenlos. Die Ungerechtigkeit ist die der Eingeborenen von Bwisha, die seit Anbeginn der Zeit auf ihrem Land geblieben sind. Die Angliederung ihres Gebiets an Zaire wird sie teuer zu stehen kommen. Und die Umsiedler von Masisi werden unter den Folgen leiden, die sie nicht einmal verursacht haben, weil ihre Umsiedlungen mit dem Segen Belgiens durchgeführt wurden. Diese Situation wird anderen Bevölkerungsgruppen in Kivu zugute kommen, die bereits mit diesen ruandophonen Bevölkerungsgruppen in Konflikt geraten sind81.

f) Das Gesetz vom 24. November 2004

Dieses Gesetz zielt darauf ab, einerseits auf die Bestimmungen des Artikels 14, Absatz 3 der Übergangsverfassung und andererseits auf die einschlägige Kritik zu antworten, die von den Delegierten der Versammlungen des interkongolesischen Dialogs an der kongolesischen Gesetzgebung im Bereich der Staatsangehörigkeit formuliert wurde, insbesondere das Verordnungsgesetz Nr. 71-002 vom 28. März 1971, das Gesetz Nr. 72-002 vom 5. Januar 1972 in seinem Artikel 15 und das Gesetzesdekret Nr. 197 vom 29. Januar 1999 zur Änderung und Ergänzung des Gesetzes Nr. 81-002 vom 29. Juni 198182. In diesem Gesetz, das wir in allen Fragen der Staatsangehörigkeit im Land gefunden haben. Alle Banyarwandas wurden dann in ihrem Recht als Kongolesen wiederhergestellt. In seinem Artikel 6 heißt es: Kongolese ist jeder, der den ethnischen Gruppen und Nationalitäten angehört, deren Volk und Territorium den Kongo (heute Demokratische Republik Kongo) bei der Unabhängigkeit bildeten. Kongo) bei der Unabhängigkeit83. Somit sind die Tutsi nach diesem Gesetz Kongolesen, auch diejenigen, die 1959 vor der Revolution in Ruanda geflohen waren.

g) Die Verfassung von 2006

Diese Verfassung, die später durch das Gesetz Nr. 11/002 vom 20. Januar 2011 zur Änderung einiger Artikel der Verfassung der Demokratischen Republik Kongo vom 18. Februar 2006 geändert wurde, schreibt in Artikel 10 vor, dass die kongolesische Staatsangehörigkeit die einzige ist. In Artikel 10 ist festgelegt, dass die kongolesische Staatsangehörigkeit eine einzige und ausschließliche ist. Sie kann nicht gleichzeitig mit einer anderen Staatsangehörigkeit, sei es der ursprünglichen oder der individuell erworbenen, geführt werden. Jede Person, die den ethnischen Gruppen angehört, deren Volk und Territorium zum Zeitpunkt der Unabhängigkeit den Kongo (die heutige Demokratische Republik Kongo) bildeten, ist Kongolese durch Herkunft.[84]

Dieser Artikel befürwortet die Staatsangehörigkeit der Tutsi aus verfassungsrechtlicher Sicht. Man kann also zugeben, dass die Frage der Staatsangehörigkeit in der Demokratischen Republik Kongo bereits geklärt ist. Vom juristischen Standpunkt aus betrachtet.

Absatz 3: Die Frage der Staatsangehörigkeit der kongolesischen Tutsi

Die Geschichte lehrt uns also, dass die Tutsi im Kongo alle aus Ruanda und Burundi stammen. Sie werden in drei Gruppen unterteilt. Bei der ersten Gruppe handelt es sich um die Ureinwohner von Bwisha, die Banyabwisha, die nach der Teilung, die Ruanda ganz Bwysha, Gishari, Rucyuro, die Insel Idjwi und die westliche Hälfte des Kivu-Sees weggenommen hat, im Kongo geblieben sind[85]. Die zweite Gruppe besteht aus Tutsi-Hirten, die sich seit vorkolonialen Zeiten im Hochland von Itombwe niedergelassen haben. Sie sind unter dem Namen Banyamulenge bekannt, um sich von den anderen ethnischen Gruppen abzugrenzen, aber sie sind immer noch gemischt und werden genauso wie die anderen betrachtet[86]. Die dritte Gruppe schließlich betrifft die von den Belgiern aufgrund der Überbevölkerung Ruandas zwischen 1934 und [1948] in das Masisi-Gebiet verpflanzten Bevölkerungsgruppen7.

Die kongolesischen Tutsi wurden mit der Verfassung von Luluabourg im Jahr 1964 von Staatsbürgern88 zu Staatenlosen. In Artikel 6 der Verfassung heißt es: "Die kongolesische Staatsbürgerschaft wird am 30. Juni 1960 jeder Person zuerkannt, deren Nachkommen einem Stamm angehören oder angehört haben, der vor dem 18. Oktober 1908 im Kongo ansässig war "[89], dann 1972 durch das Gesetz 002 vom 5. Januar 1972, in dem es heißt: "Personen, die aus Ruanda-Urundi stammen, sich vor dem 1. Januar 1950 in der Provinz Kivu niedergelassen haben und sich seitdem bis zum Inkrafttreten des vorliegenden Gesetzes in der Republik Zaire aufgehalten haben, haben am 30. Juni 1960 die zairische Staatsangehörigkeit erworben. "90 und 1981 noch staatenlos waren, zum Gesetz Nr. 1981/002 vom 29. Juni 1981 über die zairische Staatsangehörigkeit, heißt es in der Begründung: "Das vorliegende Gesetz hebt nicht nur das Gesetz 72-002 vom 5. Januar 1972 auf, sondern auch ausdrücklich den Artikel 15 dieses Gesetzes, der bestimmten Gruppen von Ausländern, die sich in Zaire niedergelassen haben, die zairische Staatsangehörigkeit verlieh "91, und schließlich wurden sie im Jahr 200492, als das Gesetz über die kongolesische Staatsangehörigkeit verkündet wurde, Kongolesen.

Abschnitt 2: Die Beteiligung Ruandas und Ugandas an der Nationalität der kongolesischen Tutsi

Absatz 1: Die Ursachen der Verwicklung

a) Historische Ursachen

Die Analyse der Ursachen, die Ruanda und Uganda dazu brachten, sich in die Nationalitätenfrage der Tutsi einzumischen, liegt in weiter Ferne, denn schon lange vorher, im Jahr 1959, kam es in Ruanda zu massiven Gewalttätigkeiten, die am 1. November 1959 begannen, als junge Tutsi den Hutu-Unterhäuptling Dominique Mbonyumutwa93 belästigten. Dies war der Funke, der das Feuer entfachte. Seit 1957 gab es eine starke Rivalität zwischen den politischen Führern der Hutu und der ruandischen Monarchie, die von den Tutsi dominiert wurde, die eng mit der belgischen Kolonialverwaltung verbunden waren. Die Hutu-Elite hatte ein "Manifest" verfasst, in dem sie die Tutsi pauschal beschuldigte, alle Macht an sich zu reißen.[94] Die Nachricht von Mbonyumutwas Aggression verbreitete sich sehr schnell unter der Hutu-

Bevölkerung, die die Tutsi und deren Eigentum gewaltsam angriff. Innerhalb weniger Tage steht das ganze Land in Flammen: Plünderungen und Brandschatzungen begleiten die Morde im Allgemeinen95. König Kigeri Ndahindurwa flüchtete ins Ausland, wie Tausende seiner Landsleute. Ein großer Teil der Tutsi verließ das Land und ließ sich in den Nachbarländern nieder. Während des Regimes von Grégoire Kayibanda (1962-1973), das auf rassistischen Theorien beruhte, waren die Tutsi Bürger zweiter Klasse. Ihre Lage verschlechterte sich weiter, als die Inyenzi, eine Tutsi-Miliz, im Dezember 1963 angriff und sogar drohte, die Hauptstadt Kigali einzunehmen, bevor sie von der Nationalgarde aufgehalten und geschlagen wurde. Dies war der Anlass für die Regierung, mit Hilfe der lokalen Verwaltung eine schwere Repression gegen die Tutsi im ganzen Land zu organisieren. Allein in der Präfektur Gikongoro starben mehr als 30.000 Menschen. Es entstand ein Klima des Hasses zwischen den Volksgruppen, das durch Reden angeheizt wurde, in denen die Tutsi als "arrogant" und "grausam", "reuelose Feudalisten" und ewige Feinde der "vielen Menschen" bezeichnet wurden96 . Präsident Kayibanda selbst zögerte nicht, sie zu warnen, dass, wenn sich diese Art von Angriffen wiederholen würde, "dies das totale und jähe Ende der Tutsi-Rasse bedeuten würde".96 Die Diskriminierung und Ausgrenzung der Tutsi ging während der zweiten Republik unter der eisernen Faust von General Juvénal Habyarimana (1973-1994) unvermindert weiter, aber diesmal auf eine geschickte Art. Auf die bohrende Frage der Tutsi-Flüchtlinge, die um ihre Rückkehr baten, antwortete Habyarimana ironisch, dass Ruanda aufgrund seiner hohen Bevölkerungsdichte mit einem Glas voller Wasser vergleichbar sei, das ein Tropfen zum Überlaufen bringen könne. Mit anderen Worten: In Ruanda war kein Platz für Tutsi. Aus diesem Grund griffen am 1. Oktober 1990 junge Tutsi, die sich in der Ruandischen Patriotischen Armee (RPA) zusammengeschlossen hatten, das Land von Uganda aus an, während Habyarimana am Weltkindergipfel in New York teilnahm. Nachdem er die Nachricht gehört hatte, kehrte er nach einem Zwischenstopp in Paris und Brüssel sofort zurück, um Frankreich und Belgien um Hilfe zu bitten. Er wandte sich auch an seinen "großen Bruder" Mobutu Sese Seko aus Zaire, der ein Militärkontingent unter dem Kommando von General Mahele entsandte. Trotz der frühen Kapitulation seines Kommandos gelang es der RPA, sich gegen die wenig motivierten ruandischen Streitkräfte (FAR) zu behaupten. Am 6. April 1994 wurde Präsident Juvénal Habyarimana zusammen mit seinem burundischen Amtskollegen Cyprien Ntaryamira getötet, als sein Flugzeug abgeschossen wurde, bevor er den Flughafen erreichen konnte. seine Landung auf dem Flughafen von Kigali. Dies war der Startpfiff für den

Völkermord an den Tutsi, der in einem Paroxysmus der Gewalt mündete. Diese Tragödie, die nur drei Monate dauerte, kostete viele Menschenleben und führte zur Zerstörung und Lähmung der wirtschaftlichen und sozialen Infrastrukturen; gleichzeitig wurde eine große Zahl ruandischer Hutus, die sich den Massakern widersetzten, von denselben Verbrechern getötet. Als die RPF im Juli 1994 die Macht übernahm, nachdem sie die FAR besiegt hatte, lagen Schulen und Gesundheitszentren in Trümmern und waren geplündert worden, die Kommunikationsnetze waren nicht funktionsfähig, das Verwaltungssystem war verwüstet usw. Der Sieg der RPF führte zwar zur Vertreibung der Anhänger Habyarimanas, die in Lagern vor allem in Zaire landeten, ermöglichte aber auch die massive Rückkehr von Tutsi-Flüchtlingen, die aus Uganda, Burundi, Zaire, Tansania usw. zurückkehrten.[97] Der Sieg der RPF war auch das Ergebnis einer Reihe von Ereignissen, die sich während des Krieges ereigneten.

b) Sicherheit verursacht

Wie Kenneth Walt sagte: "In der Anarchie ist die Sicherheit das höchste Ziel.[98] Nur wenn das Überleben gesichert ist, können Staaten gefahrlos andere Ziele verfolgen. Ein weiterer Grund, warum Uganda, Ruanda und in geringerem Maße auch Burundi in die Nationalitätenfrage der kongolesischen Tutsi im Kongo verwickelt wurden, hängt mit ihrer Sicherheit zusammen[99]. Die Rebellenbewegungen aus Uganda (ADF), Ruanda (FAR, die sich hauptsächlich aus Hutus zusammensetzt) und Burundi (CNDD-FDD, die sich hauptsächlich aus Hutus zusammensetzt) nutzten das kongolesische Territorium als Basis für Angriffe und Rückzüge; in gewisser Weise profitierten sie von der Komplizenschaft der Regierung von Feldmarschall MOBUTU[100]. Im Falle Ruandas stellte insbesondere die Anwesenheit großer Hutu-Flüchtlingslager mit feindlichen bewaffneten Elementen in der Nähe der Grenze eine große Bedrohung im Rahmen eines Bürgerkriegs dar, der seit 1995 innerhalb der ruandischen Grenzen andauerte. Die Beseitigung dieser Bedrohung war der Hauptgrund für die Entscheidung Kigalis, militärisch in die Nationalitätenfrage der kongolesischen Tutsi einzugreifen. Das ungelöste Problem in der Region Kivu in Zaire: der Status der "Bevölkerung mit zweifelhafter Nationalität", ein Codename für die Kinyarwanda-sprechende Bevölkerung (die Banyarwanda) in dieser Region. Die Wahrnehmung vieler "einheimischer" Führer, dass die Tutsi-Banyarwanda ethnische Bindungen zum ruandischen Regime über nationale Bindungen stellen, lässt Zweifel an ihrer Loyalität aufkommen. Die

Wahrnehmung vieler "einheimischer" Führer, dass die Tutsi-Banyarwanda ethnische Bindungen an das ruandische Regime gegenüber nationalen Bindungen bevorzugten, ließ Zweifel an ihrer Loyalität aufkommen, was zu immer hartnäckigeren und gelegentlich gewaltsamen Anfechtungen ihrer Rechte als Bürger führte. Anfang 1996 wurden die Tutsi in Nord-Kivu Opfer von Pogromen und in gewissem Maße von ethnischen Säuberungen. Mitte 1996 begann eine ähnliche Kampagne in Süd-Kivu, insbesondere gegen die Banyamulenge, eine Tutsi-Gruppe, die traditionell im Itombwe-Hochland in der Region Uvira lebt. Die Banyamulenge entschieden sich jedoch für den Widerstand und hatten auch die Mittel dazu: Viele Banyamulenge dienten in der Ruandischen Patriotischen Armee, und seit Mitte 1996 bildete die RPA Banyamulenge aus und schickte Waffen und Munition nach Süd-Kivu. Die "Banyamulenge-Rebellion", die im September 1996 mit massiver ruandischer Unterstützung begann und den Beginn einer Kampagne darstellte, die Kabila an die Macht brachte, war daher eine Kombination aus zwei Agenden: echter Widerstand der kongolesischen Tutsi, die Repressalien fürchteten, und die Instrumentalisierung dieses Kampfes durch das ruandische Regime, um die Intervention der RPA in Zaire zu vertuschen.[102]

Für Uganda[103] war Marschall Mobutu nicht nur die perfekte Verkörperung der Schande des afrikanischen Kontinents und die demütigendste Niederwerfung vor "imperialistischen" Interessen, sondern auch eine massive Gefahr für die ugandische Sicherheit. Natürlich waren die Nalu und Amon Bazira nur nebensächliche Störfaktoren. Die Lord's Resistance Army, die im Norden operierte und Ende 1992 weniger als zweihundert Kämpfer zählte, erhielt von der sudanesischen Armee über den Norden Zaires mit der vollen Zustimmung von Präsident Mobutu massive Waffen- und Ausrüstungshilfe, um sowohl die LRA zu unterstützen als auch die SPLA anzugreifen.[104] Anders als in Ruanda stellte die SPLA keine große Gefahr für die ugandische Sicherheit dar. Im Gegensatz zu Ruanda gibt es kein Projekt, das mit demografischem Druck oder ethnischer Interaktion mit dem Kongo verbunden ist, außer in sehr begrenztem Umfang im äußersten Norden mit den Kakwa, den Alur oder den Lugbara.[105]

c) Ursachen der Identität

Ethnische Konflikte waren in mindestens jeder Provinz der Demokratischen Republik Kongo weit verbreitet. Anfang der 1990er Jahre wurde Mobutu von der Bevölkerung unter Druck gesetzt, wieder ein Mehrparteiensystem einzuführen. Um der Bevölkerung gegenüber Rechenschaft abzulegen, beruft er die souveräne nationale Konferenz ein. Doch leider war Mobutu so gerissen, dass er den ethnischen Hass noch verstärkte, indem er die Stammes- und regionalen Gegensätze so manipulierte, dass die Bevölkerung dazu gebracht wurde, andere ethnische Gruppen zu hassen und ihn in Ruhe zu lassen. Seit den 1980er Jahren war die Frage der Nationalität der in Süd-Kivu lebenden Tutsi ebenso wie der Banyarwanda in Nord-Kivu ein umstrittenes Thema. Die anderen Gemeinschaften waren der Ansicht, dass die meisten der in Süd-Kivu lebenden Tutsi politische Flüchtlinge oder Wirtschaftsmigranten waren, die im 20. Jahrhundert eingewandert waren, und sie bestritten ihr Recht auf die zairische Staatsangehörigkeit. Seitdem hatte sich der Verdacht auf die wahre Nationalität der Tutsi in Süd-Kivu verbreitet, und in der Provinz war kein Tutsi-Abgeordneter mehr gewählt worden. Viele von ihnen gehörten zu den Tutsi, die 1959 aus Ruanda geflohen waren. Auch nach mehreren Jahren im Kongo hatten sie ihre Zugehörigkeit zu Ruanda nie aufgegeben, und nach dem Sieg der FPR in Ruanda kehrte ein großer Teil von ihnen nach Ruanda zurück. Das Wichtigste für sie war die Tatsache, dass sie ausschließlich Tutsi waren. Da Kagame, der Anführer der RPA, Tutsi war, war die Intervention zur Unterstützung seiner Identitätsbrüder sehr notwendig. Dies ist ein Grund für das ruandische und ugandische Engagement in der DRK.

Absatz 2: Der Einsatz der Implikation

a) Stabilisierung der Sicherheit

Ab August 1996 infiltrierten bewaffnete Banyamulenge/Tutsi-Elemente sowie RPA- und FAB-Soldaten Süd-Kivu. Sie griffen die FAZ und die Ex-FAR/Interahamwe an, aber auch und vor allem die Flüchtlingslager, von denen einige als rückwärtige Stützpunkte für die Ex-FAR/Interahamwe und die bewaffneten Hutu-Gruppen aus Burundi (CNDD-FDD und PALIPEHUTU-FNL) dienten. Dieser gesamte Zeitraum war durch eine rücksichtslose Verfolgung von Hutu-Flüchtlingen, Ex-FAR/Interahamwe, durch AFDL/APR-Kräfte auf dem gesamten kongolesischen Gebiet gekennzeichnet. Die Flüchtlinge, die von der Ex-FAR/Interahamwe auf ihrer Flucht manchmal als menschliche Schutzschilde benutzt wurden, unternahmen dann eine lange Reise quer durch das Land, das sie von Osten nach Westen in Richtung Angola, Zentralafrikanische Republik und Republik Kongo durchquerten. Während dieser Reise sollen die Ex-FAR/Interahamwe und die Flüchtlinge gelegentlich Gewalttaten, darunter zahlreiche Plünderungen, gegen die zairische Zivilbevölkerung verübt haben.106Uganda machte den Anfang gegen Ende Januar 1997 mit den Zusammenstößen zwischen der ADF-Guerilla und der ugandischen Armee in der Gegend von Kasese einerseits und der Einnahme von Mahagi in Zaire durch die AFDL-Kräfte andererseits. Mahagi, das gegenüber der großen Stadt Nebbi auf ugandischer Seite liegt, war ein hervorragender Ausgangspunkt für den von den UPDF geplanten Großangriff auf den Nordosten Zaires und den Südwesten des Sudan. Es ging darum, die ruandischen Kräfte, die in den letzten drei Monaten ausgebildeten AFDL-Rekruten und die SPLA-Guerillas unter ugandischem Kommando zu koordinieren, um die hinteren Stützpunkte der WNBLF und ihr reguläres sudanesisches Unterstützungspersonal zu räumen. Diese verschiedenen Kräfte wurden im Laufe des Februars nach und nach in Stellung gebracht.107

Die ugandischen Streitkräfte und ihre Verbündeten griffen Anfang März an. Das 23. Bataillon der UPDF nahm Kindu zusammen mit AFDL- und RPA-Kräften ein, während SPLA-Truppen am 9 März 1997 Kaya an der Grenze zwischen Sudan und Zaire einnahmen. Die ugandische Armee begann einen umfassenden Vorstoß in Richtung Bunia im Osten und Isiro im Norden, während die Ruander und die AFDL von Mahagi aus vorrückten. Die WNBLF-Truppen und ihre sudanesischen Offiziere, die von FAZ-Flüchtlingen überschwemmt wurden, die vor dem Vormarsch der ruandischen Rebellen geflohen waren, versuchten, sich unter Umgehung von Kaya in den Sudan zurückzuziehen. Am 12. März gerieten sie wenige Kilometer vor Yei in einen Hinterhalt der SPLA. Innerhalb von vier Stunden wurden mehr als 2.000 Menschen getötet und 500 gefangen genommen. Für Uganda war der Krieg in Zaire beendet, und das Problem der ADF wurde nach der Niederlage der Sudanesen zu Unrecht als geringfügig angesehen.

b) Der Sturz der Macht in Kinshasa

Ab Januar 1997 verlagerte sich die Offensive der Rebellen und der ruandisch-ugandischen Truppen in das Innere Zaires. Da Mobutu die Ansiedlung ihrer Feinde im Grenzgebiet zugelassen oder sogar gefördert und deren militärische Aktivitäten von 1994 bis 1996 geduldet hatte, war es notwendig, ihn zu stürzen und Kabila an die Macht zu bringen, der ihrer Meinung nach die Sicherheit der

Grenze gewährleisten würde. Die ruandische Strategie des Sturzes von Mobutu, der sich Uganda mit einigem Zögern anschloss, wurde auf einer anderen Ebene, nämlich in ganz Zaire, angewandt. Diese Offensive wird Angola dazu bringen, gegen die UNITA zu intervenieren, die das Mobutu-Regime verteidigte, und die angolanische Regierung hat sich daraufhin auf die ruandisch-ugandische Seite gestellt, um ihre Sicherheit zu schützen, und zwar aus denselben Gründen wie die beiden erstgenannten, d.h. um die auf dem Gebiet von Zaire stationierten Rebellenarmeen auszuschalten und das Regime, das sie unterstützt, zu Fall zu bringen. Simbabwe und Sambia werden sich aufgrund ihrer schlechten Beziehungen zum Mobutu-Regime ebenfalls diesem Club anschließen[108]. Am 15. März 1997 fiel Kisangani an die Koalition, gefolgt von Kinshasa am 17. Mai 1997.

c) Die Nationalität der kongolesischen Tutsi

Seit dem Gesetz von 1981 waren alle ruandophonen Bevölkerungsgruppen in Kivu staatenlos geworden, da sie ihr Recht als Kongolesen einforderten. Die einheimische Bevölkerung kam mit diesen von Banyarwandas als Ausländer (Hutus und Tutsis) beurteilten Menschen nicht zurecht. Doch mit der Ankunft der ruandischen Hutu-Flüchtlinge von 1994 wird die Koexistenz zwischen kongolesischen Tutsis und kongolesischen Hutus gebrochen. Angesichts dieser Situation geht eine wachsende Zahl junger Tutsi und Banyamulenge nach Ruanda, um eine militärische Ausbildung innerhalb der RPA zu absolvieren. Einige kehrten schnell nach Zaire zurück und gründeten eine Selbstverteidigungsmiliz in den Hauts et Moyens Plateaux von Mitumba. Andere blieben in Ruanda, um an der Gründung einer Banyamulenge-Rebellion mitzuwirken, die es der RPA ermöglichen sollte, die Ex-FAR/Interahamwe zu neutralisieren und den Tutsi in Süd- und Nord-Kivu die Anerkennung ihrer vollen zairischen Staatsangehörigkeit durch ein neues Regime in Kinshasa zu ermöglichen.[109]

Die Banyamulenges, ebenso wie die Banyarwanda in Nord-Kivu, waren in den Augen der zairischen Verwaltung verdächtig geworden: ihre ruandische Herkunft bezeichnete sie als Verräter an der nationalen Sache, besonders wenn sie sich eines guten wirtschaftlichen Erfolgs rühmen konnten, was bei einigen von ihnen der Fall war. Die Schikanen der zairischen Verwaltung sind dem Interesse der Tutsi im Kongo an ihren "Brüdern" in Schwierigkeiten nicht fremd: die Internationalität der ethnisch-familiären Netzwerke ist kein Gedanke. So hatte sich eine gewisse Anzahl von Banyamulenge in die Reihen der RPA eingereiht und an der Eroberung der Macht teilgenommen und eine militärische

Ausbildung erhalten. Ihre Rückkehr nach Zaire in den Jahren 1995-1996 diente der Vorbereitung der in Kigali entwickelten Großoffensive, die mit d e r "Kabila-Odyssee" Kongo-Zaire in einen Krieg stürzen sollte, der über die ursprünglich von Ruanda angestrebten strategischen Ziele hinausging.[110] Die Nationalität der kongolesischen Tutsi war für Ruanda und Uganda ein wichtiges Thema, da die Führer dieser beiden Länder Tutis oder ähnliche Identitäten haben. Kagame ist Hutu und Museveni ist Nilot. Da die Ausgrenzung der Tutsi aufhören sollte, war es notwendig, mit allen Mitteln die kongolesische Staatsangehörigkeit der Tutsi durchzusetzen, damit sie in das kongolesische Gesellschaftsleben integriert werden konnten.

Absatz 3: Folgen der Beteiligung

a) Der Völkermord an den Hutus in Kivu

Zwei Jahre lang, von 1994 bis 1996, lebten 1,2 Millionen Hutu-Flüchtlinge, darunter zahlreiche Soldaten und "Interahamwe"-Milizionäre, die als "Völkermörder" bezeichnet wurden, mit Hilfe von UNHCR- und WFP-Subventionen in Lagern in Süd- und vor allem Nord-Kivu.[111] Die Militärs, die in Kigali an die Macht kamen, waren sich aufgrund ihrer Erfahrungen als ehemalige Flüchtlinge natürlich der Bedrohung bewusst, die von den grenznahen Lagern ausging, in deren Schutz sich die FAR neu formierte. Die Soldaten, die in Kigali an die Macht kamen, waren sich, gestärkt durch ihre Erfahrung als ehemalige Flüchtlinge, natürlich der Bedrohung bewusst, die von den in Grenznähe errichteten Lagern ausging, unter deren Schutz die FAR ihre Streitkräfte neu aufstellte. Die von Kivu aus geführten Kommandoaktionen waren der Beweis dafür. Es wurde notwendig, diese Lager zu beseitigen und damit das Risiko einer Intervention in Zaire einzugehen. Mitte November 1996 löschte das ruandische Militär unter dem Deckmantel der AFDL die Lager von der Landkarte. Innerhalb weniger Tage kehrten zwischen 600.000 und 800.000 Flüchtlinge nach Ruanda zurück. Was die anderen 300.000 bis 500.000 betrifft, so werden wir, abgesehen von einer Kontroverse über die Zahlen, nie genau erfahren, was mit ihnen geschehen ist. Die meisten von ihnen, die Schwächsten, wurden von der AFDL massakriert, die damit ihre Schuld gegenüber Ruanda beglichen hat, oder sie starben an Erschöpfung auf den Straßen des Exodus. Die humanitären Helfer konnten das Morden nicht verhindern. Einige zehntausend Männer, meist Soldaten und Milizionäre, überlebten.[112]

b) Das systematische Massaker an der kongolesischen Bevölkerung

Während dieser blitzartigen Eroberung griffen Elemente der AFDL, der RPA und der FAB alle ruandischen und burundischen Hutu-Flüchtlingslager in der Umgebung von Uvira, Bukavu und Goma an und zerstörten sie. Mehrere Hunderttausend ruandische Flüchtlinge kehrten nach Ruanda zurück, aber Hunderttausende andere, wie die ehemaligen FAR/Interahamwe, flohen in die Gebiete von Walikale (Nord-Kivu) und Shabunda (Süd-Kivu). Mehrere Monate lang machten sich die AFDL/APR-Soldaten auf den Weg. Sie zerstörten systematisch die provisorischen Lager der Flüchtlinge und verfolgten alle, die ihnen zu Hilfe kamen.[113]

c) Systematische Plünderung der natürlichen Ressourcen in der DRK durch die Aggressormächte

Sobald die Sicherheitsbedrohung beseitigt ist, die Flüchtlingslager zerstört sind und die Tutsi ihre Staatsangehörigkeit erhalten haben, müssen Ruanda und Uganda dem Kongo helfen, ein Land nach dem Konflikt zu bilden. Aber wie Lao Tzu voraussagte: "Wenn ein Raum mit Gold und Edelsteinen gefüllt ist, wird niemand in der Lage sein, sie zu behalten. "[114] Ein im April 2001 veröffentlichter UN-Bericht über die illegale Ausbeutung der natürlichen Ressourcen der Demokratischen Republik Kongo warf ein grelles Licht auf die Realität der von Ruanda und Uganda auf kongolesischem Gebiet begangenen Plünderungen.[115]

In Kigali und Kampala sind echte Gebäude aus dem Boden geschossen, die den Reichtum zeigen, der auf kongolesischem Boden angehäuft wurde. Abgesehen von der banalen Feststellung, dass jeder Krieg seine Profiteure hat, muss man sich die Frage nach der wirtschaftlichen Dimension des Krieges stellen, der sich im Kongo niedergelassen hat. Kigali und Kampala neigen dazu, sie als Beute zu betrachten, die zumindest ihre Kriegskosten und dann die Kosten der faktischen Besetzung der östlichen Regionen decken muss. Plünderungen, die kriegsähnliche Form der Geldwirtschaft, waren unvermeidlich, sobald die Aneignung der kongolesischen Ressourcen zum Hauptthema des Krieges wurde.

Abschnitt 3: Strategische Bedeutung der kongolesischen Tutsi für Ruanda und Uganda

Absatz 1: Demografischer Überschuss

Identitätsfragen und Sicherheitsprobleme erklären nur zum Teil die Verwicklung Ruandas und Ugandas in die Nationalitätenfrage der Tutsi. Die kleinen Gebiete Ruandas, die seit der Kolonisierung durch starre Grenzen eingeengt sind, befinden sich in einer demographischen Falle. Auf den starken Rückgang der Sterblichkeit, der während der Kolonisierung einsetzte, folgte kein nennenswerter Rückgang der Fruchtbarkeit. Die Wachstumsrate nähert sich 3 % pro Jahr, was zu einer Verdoppelung der Bevölkerung innerhalb von 25 Jahren führt. Mit fast 10 Millionen Einwohnern in Ruanda im Jahr 2008 hat die Bevölkerungsdichte jedoch bereits 380 Einwohner pro Quadratkilometer erreicht, was für ein Land mit einer Bevölkerung, die zu fast 90 % auf dem Land lebt, sehr viel ist. Jede Bauernfamilie hat im Durchschnitt nur noch 40 Ar Land zu bewirtschaften. Was wird morgen geschehen? Die Frage ist nicht mehr nur, wie 20 Millionen Ruander in einer Generation leben werden, sondern wo.[116]

Wie die Winde wechseln auch die Migrationsbewegungen zwischen Hochdruck und Tiefdruck, in diesem Fall demografisch bedingt: Die Migration in Richtung Westen, in die weniger besiedelten Gebiete von Kivu, ist Teil der Ordnung der Dinge und auf lange Sicht. Bei den Tutsi-Migranten handelt es sich hauptsächlich um Viehzüchter, die große Flächen für ihre Herden benötigen. Sie haben in den Hochweiden ideale Bedingungen für ihre Tätigkeit gefunden, aber die Einrichtung großer Viehzuchtgebiete verringert die für den Anbau verfügbaren Flächen. Ohne eine entschlossene Bevölkerungspolitik zur Organisation der Migrationsströme und insbesondere zur Verlangsamung des Bevölkerungswachstums in diesen afrikanischen Hochebenen, die zu den fruchtbarsten der Welt gehören, besteht keine Hoffnung auf eine dauerhafte Entspannung und ein Verschwinden der schrecklichen periodischen Gewalt, die die Geschichte der Großen Seen seit mehreren Jahrzehnten prägt. Wenn man die Auswirkungen der demografischen Trägheit kennt, kann man sich nur darüber wundern, dass die Bevölkerungsfrage bei den Initiativen zur Wiederherstellung des Friedens in der Region keine Rolle spielt. Die enormen Geldsummen, die von der UNO ohne greifbare Ergebnisse ausgegeben werden, wären nützlicher, wenn sie für die sozioökonomische Entwicklung und für die Lösung dieser entscheidenden Frage, die alle anderen bedingt, eingesetzt würden. Die derzeitige Politik, ob auf nationaler oder internationaler Ebene, ist leider kurzsichtig, da sie den engen Zusammenhang zwischen Krieg und Demografie nicht in den Mittelpunkt stellt.

Absatz 2: Trojanisches Pferd

Die meuternden Soldaten, die mit Unterstützung Ruandas den Osten der Demokratischen Republik Kongo destabilisieren, begründen dies stets mit der Notwendigkeit, die Tutsi zu schützen. Im August 1998 rebellierten in Bukavu und Goma Teile der kongolesischen Armee mit Unterstützung von Einheiten der ruandischen Armee gegen Präsident Laurent Désiré Kabila, und diese Meuterei, die zum zweiten Kongokrieg führen sollte, wurde als Rebellion der Banyamulenge (einer Gruppe von Tutsis) dargestellt. Und als die ruandische Armee von Paul Kagame im Oktober 1996 zum ersten Mal die Grenze zu dem damals noch von Mobutu regierten Zaire überschritt, geschah dies, um die Hutu-Flüchtlingslager aufzulösen, in denen sich viele der Täter des Völkermords aufhielten, aber auch, um den Banyamulenge von Süd-Kivu zu Hilfe zu kommen, die befürchteten, Opfer eines ähnlichen Völkermords wie in Ruanda zu werden.

Die Nationalität dieser Bürger ruandischer Herkunft war jedoch stets fragwürdig. Für die anderen kongolesischen Volksgruppen war dies nicht nur eine Frage des Chauvinismus oder gar der Fremdenfeindlichkeit: Viele dieser "Banyarwanda" wurden des Opportunismus bezichtigt, die Grenze zu überschreiten und ihre Pässe je nach ihren Interessen zu wechseln. Außerdem schlossen sich Anfang der 90er Jahre viele junge Tutsi aus Kivu oder Burundi der von Kagame aus Uganda aufgestellten RPF-Armee an und beteiligten sich an der Einnahme von Kigali im Juli 1994, als sich die Tutsi aus dem Kongo massenhaft Ruanda anschlossen. Als es 1996 darum ging, die "Völkermörder" zu bekämpfen, die sich nach Kivu geflüchtet hatten, war es ganz natürlich, dass diese jungen Leute, erfahrene Soldaten, über die Grenze zurückgeschickt wurden: Auch wenn sie kongolesischer Herkunft waren und sich als "Banyamulenge" ausgaben, gehörten sie in Wirklichkeit der RPF, die sie als ihren bewaffneten Flügel in der Subregion einsetzte. Dieser militärische Einsatz junger Tutsi kongolesischer Herkunft verstärkt das Misstrauen und sogar den Hass der einheimischen Bevölkerung von Kivu, die befürchtet, von ihren ruandischen Nachbarn auf der Suche nach Lebensraum und wirtschaftlichen Ressourcen überfallen und besetzt zu werden, und die die ruandischsprachigen Minderheiten der Region als Ankerpunkt benutzt. Die Feindseligkeit oder das Misstrauen anderer Gruppen gegenüber der in Kivu lebenden Zivilbevölkerung ruandischer Herkunft verstärkte Kigalis Entschlossenheit, sich in kongolesische

Angelegenheiten einzumischen. Der Aufstand eines jungen Kommandanten, Patrick Mazunzu, der mit anderen kongolesischen Gruppen, einschließlich der Mai Mai, verbündet war, wurde hart unterdrückt, und in Süd-Kivu bombardierte die ruandische Armee die Banyamulenge-Gemeinden, die sie eigentlich schützen sollte. Die Umsetzung des Sun-City-Abkommens hat die Unklarheit der Situation der Banyamulenge deutlich gemacht: Azarias Ruberwa, der aus Mulenge stammende Anführer der ehemaligen RCD-Rebellen, der jetzt in der Solidarität der Regierung steht und für Verteidigung und Sicherheit zuständig ist, wurde Vizepräsident in Kinshasa, konnte sich aber nicht gegen die Meuterer Jules Mutebuzi, Eric Ruhorimbere und Laurent Nkunda durchsetzen. In Wirklichkeit handelt es sich bei diesen "Rebellen" und vielen anderen Infiltratoren um "ehemalige" Angehörige der ruandischen Armee, dic im Kongo als Transmissionsriemen Kigalis verblieben waren und sich geweigert hatten, sich in die neue nationale kongolesische Armee zu integrieren.

Absatz 3: Tutsi-Panik

Die ruandische Verwicklung in das Ziel, die Nationalität der kongolesischen Tutsi zu beanspruchen, ist auch für Ruanda, Uganda und Burundi ein Weg der Expansion und der Hegemonie der Tutsi in der Region. Wir haben also festgestellt, dass diese Verwicklung darauf abzielt, die kongolesischen Gebiete zu Lasten von Kivu zu annektieren, um das Reich der Hima-Tutsi zu bilden, wofür es notwendig war, dass sich die Tutsi in den kongolesischen Gebieten ansiedeln, um zu gegebener Zeit ihre Gebiete zu föderalisieren und schließlich das Reich der Hima-Tutsi zu bilden[117].

Diese Situation erscheint uns sehr wahrscheinlich, da einigen Quellen zufolge das Abkommen vonLemera den Invasionsmächten die Gebiete im Osten der Demokratischen Republik Kongo von Ituri bis Tanganjika zusprach. Zu diesem Zweck arbeiten die Tutsi in der ganzen Welt in einem Netzwerk, wie die Juden im Zionismus, mit dem Ziel, die ruandischen Grenzen zu erweitern und das Hima/Tutsi-Reich in der Region der Großen Seen zu errichten, indem sie die Gebiete der Nachbarländer anknabbern.[118] Die Tutsi im Kongo wurden immer als Eindringlinge und Plünderer wahrgenommen.

So wäre der Krieg der Ruandischen Patriotischen Front ausschließlich von den Tutsi der Diaspora, die in der Demokratischen Republik Kongo und anderswo leben, finanziert worden. Und jedem Tutsi, der Reichtum anhäufen will, stehen alle Mittel offen, von der List bis zum Kauf des Gewissens, vorbei anKorruption und Prostitution, wie viele Strategien, die eingesetzt werden, um die Hegemonie der Tutsi zu etablieren und die eine Reihe von Gerüchten nähren, indem sie die historischen Daten verfälschen. Seit den verschiedenen Angriffskriegen hat der Begriff "Ruander" eine pejorative Konnotation. Für die Kongolesen ist "Ruander" ein Synonym für Tutsi, die dazu neigen, die Beziehungen und Interessen der Gemeinschaft zu verraten, anzugreifen und zu missachten, denn für die Kongolesen sind die Ruander Unglücksraben und Aggressoren. Mit diesem Begriff reagieren die Kongolesen auf das Verhalten der Ruander, die unter dem Vorwand, sie zu befreien, in den Kongo kamen, in Wirklichkeit aber, um sie anzugreifen, zu unterjochen und ihren Reichtum auszubeuten. In vielen Fällen sind es politische, wirtschaftliche, kulturelle und andere Kontexte, die die Entstehung von Gerüchten begünstigen, und in diesem Sinne kann man keinen zweiten Diskurs vom Typ der Metakommunikation ausarbeiten, ohne diese Kontexte zu berücksichtigen, in denen diese Diskurse entstehen. Der Kontext der bewaffneten Konflikte, die administrative Zersplitterung des Landes, das mit einer Kyri von Rebellionen und Milizen konfrontiert war, der von Ruanda, Uganda, Burundi und Verbündeten geführte Angriffskrieg sind ebenso viele "gelebte" Realitäten, die die Gerüchte in den Flugblättern und im Radio inspiriert und genährt haben. Die jüngsten Abenteuer der 23 sind immer noch in Gebieten mit einer Tutsi-Mehrheit aktiv (Bunagana, Rutshuru usw.)[119].

KAPITEL DREI

REGIONALE AUSWIRKUNGEN DER NATIONALITÄTENFRAGE DER KONGOLESISCHEN TUTSI

In diesem Kapitel wird es darum gehen, die Konsequenzen aufzuzeigen, die sich aus der Verwicklung Ruandas und Ugandas in die Nationalitätenfrage der kongolesischen Tutsi ergeben. Zunächst die Auswirkungen auf die regionale Integration, dann auf die regionale Sicherheit und schließlich die Zukunftsperspektiven der Frage der Nationalität der kongolesischen Tutsi.

Abschnitt 1: Folgen für die regionale Integration

Absatz 1: Politische Konsequenzen

Durch die regelmäßige Einmischung Ruandas und Ugandas in die Nationalität der kongolesischen Tutsi entsteht ein Misstrauen zwischen den Ländern der Großen Seen und der Ostafrikanischen Gemeinschaft. Ruanda und Uganda, die zerstritten sind, werden ihre gemeinsamen Grenzen wohl schließen. Dieses Misstrauen besteht auch zwischen der Demokratischen Republik Kongo und ihren drei östlichen Nachbarländern Ruanda, Burundi und Uganda. Alle drei Länder sind in den Kongokrieg verwickelt und werden von der kongolesischen Bevölkerung mit großem Misstrauen betrachtet, weil sie die Tutsi unterstützen. Generell muss daher ein Weg gefunden werden, um Vertrauen zwischen diesen Ländern zu schaffen. Mwayila Tshiyembe sagte, dass Zentral- und Ostafrika unter den Folgen des ruandischen Völkermords leidet, d. h. unter den Identitätskonflikten zwischen den Tutsi und den Hutu, die in Ruanda leben oder aus Ruanda stammen. Die Staaten selbst mischen sich in die inneren Angelegenheiten ihrer Nachbarn ein. Ruanda interveniert regelmäßig in der Demokratischen Republik Kongo zugunsten der Tutsi, ebenso wie Uganda.121 Solche Einmischungen haben katastrophale Folgen für die Stabilität der betroffenen Staaten. Einerseits berauben sie sie eines Teils ihrer Souveränitätsvorrechte.

Absatz 2: Wirtschaftliche Folgen

Die Folgen sind im transnationalen Rahmen mit dem Misstrauen der Staaten und der Bevölkerungen verbunden. Dies ist die größte Herausforderung für die Gemeinschaft der ostafrikanischen Länder und die CEPGL. Es hängt mit der Tatsache zusammen, dass die verschiedenen Länder der Region sich in unterschiedlichen Entwicklungsstadien befinden. Dies führt zu Ängsten in den Mitgliedsländern. Einige von ihnen haben Angst, ihre Grenzen vollständig für die Migration von Menschen und Unternehmen zu öffnen. Sie befürchten, dass die weiter entwickelten Länder auf Kosten der einheimischen Bevölkerung noch mehr profitieren werden. Es geht um die Befürchtung, dass die Demokratische Republik Kongo ihre Grenzen für Uganda öffnen könnte, indem sie die Ugander frei in der Demokratischen Republik Kongo wandern lässt, damit sie kommen und gehen können, weil sie wissen, dass Uganda oft vom Unglück der Kongolesen profitiert. Diese Angst ist besonders unter Tansaniern verbreitet, die befürchten, dass der Tourismussektor von Kenianern überschwemmt wird. Diese Angst gibt es auch in der Demokratischen Republik Kongo. "In Goma, in Bukavu kommt sogar das Mineralwasser von den Nachbarn. Diese Öffnung wäre eine Chance für andere Länder, aber vielleicht nicht für die DRK. Das hängt mit dem gegenseitigen Misstrauen zusammen. Die meisten Kongolesen fragen sich, wie sie einem Nachbarn, der in ihr Land eingedrungen ist, der einen Teil ihres Territoriums besetzt hat und der einen sehr schlechten Ruf hat, erlauben können, zu ihnen zurückzukommen, aber jetzt als Händler Geld zu verdienen. Wenn die Länder der Region also Lösungen für diese Herausforderungen finden, wird die Integration gut verlaufen. "Aber schon jetzt analysieren wir, dass zwischen den anderen Ländern der Region der Strom nicht fließt.

Absatz 3: Folgen für die Sicherheit

Solange im Osten des Kongo Gewalt herrscht, wird es für die Region schwierig sein, ihre Integration zu vollenden. Es stimmt, dass es einen regen grenzüberschreitenden Handel zwischen dem Kongo und seinen Nachbarn gibt. Aber dieser Handel ist mit dieser Unsicherheit konfrontiert, und es ist schwierig, in diesem Kontext der Instabilität große Investitionen in der DRK zu tätigen. "Dies ist eine Herausforderung für eine ganze Generation. Sie wird nicht in zwei oder drei Tagen gelöst sein. Aber es ist auch etwas, wofür die Demokratische Republik Kongo ihre Nachbarn brauchen wird. Daher ist es für alle Länder in der Region wichtig, dass bewaffnete Gruppen ihre Nachbarn nicht als

Rückzugsgebiet nutzen können. Die M23-Rebellen halten sich zum Beispiel seit langem in Lagern in Uganda und Ruanda auf. Dieses Land gibt an, dass mehrere ruandische Rebellen Burundi, die Demokratische Republik Kongo und Uganda als Rückzugsgebiete nutzen. Die burundischen Rebellen haben Hochburgen in Süd-Kivu... Kurzum, dies muss aufhören und das Klima des Vertrauens zwischen den Ländern muss wiederhergestellt werden.

Abschnitt 2: Folgen für den regionalen Frieden

Absatz 1: Der Aufstieg der Tutsi-Rebellen

Seit dem Sturz von Mobutu bis heute herrscht überall im Osten der Demokratischen Republik Kongo ein Klima der Ungewissheit. Die ehemalige FAR und die Interahamwe-Milizen haben sich militärisch reorganisiert, um Ruanda zurückzuerobern. Sie finanzieren sich durch die Ausbeutung von Holz und Bodenschätzen in den von ihnen kontrollierten Gebieten und durch die Erhebung von Steuern entlang der Handelswege und in der Nähe der Märkte. Die FDLR arbeiten mit einigen kongolesischen "einheimischen" Milizen zusammen und haben die FaRDC bei der Bekämpfung der "Tutsi-Rebellen" unterstützt. Die Tutsi-Aufstände, die nacheinander vom Congrès national pour la défense du peuple (CNDP) und der Mouvement du 23 mars (M 23) angeführt wurden, wurden mit der Notwendigkeit begründet, die Tutsi-Bevölkerung der Demokratischen Republik Kongo zu schützen, deren Sicherheit und wirtschaftliche Interessen durch die FDLR und die "einheimischen" Milizen bedroht würden. Mit Hilfe Ruandas gelang es General Laurent Nkunda, eine 7 000 Mann starke Armee aufzubauen, die 2008 die FDLR besiegte und ein Drittel der Gebiete von Masisi und Rutshuru unter ihre Kontrolle brachte. Am 23. März 2009 unterzeichnete die Regierung der DRK ein Abkommen mit dem CNDP, um dessen Existenz als militärisch-politische Bewegung zu beenden. Beide Parteien einigten sich darauf, eine rasche Rückkehr der Flüchtlinge aus dem Ausland zu organisieren. Aus Unzufriedenheit über die Nichteinhaltung dieses Abkommens begannen ehemalige CNDP-Mitglieder eine Rebellion, die im Oktober 2013 endete Die "einheimischen" Milizen wurden gegründet, um sich selbst zu verteidigen und die lokale Bevölkerung zu schützen. Sie sind von einer totalen Ablehnung der "Ausländer", insbesondere der Tutsi "Banyarwanda", beseelt. Die aktivsten sind die so genannten Maï Maï, die sich in zwei Gruppen aufteilen: einerseits die Nande in den Gebieten von Lubero und Beni, die mit den Allied Democratic Forces (ADF), einer ugandischen Rebellion, sympathisieren, und andererseits die Hunde und Nyanga in Walikale und Masisi, die in engem Kontakt mit den Tutsi stehen. Im Jahr 2007 wurde die Koalition der kongolesischen patriotischen Widerstandskämpfer (PARECO) eigens zum Kampf gegen die CNDP gegründet122 .

Absatz 2: Misalliance und Allianz

Paul Kagame verhalf Yoweri Museveni 1986 zur Machtübernahme, und Museveni gestattete den Truppen von Kagame, sein Land vor der Offensive auf Kigali 1994 als Rückzugsgebiet zu nutzen. Bei der Untersuchung ihrer Beziehungen muss man die Psychologie dieser beiden Führer berücksichtigen, "M7" (Musevenis Spitzname) auf der einen und der ehemals junge Kagame auf der anderen Seite, die einander so viel verdanken und sich so gut kennen: Bruderzwistigkeiten sind am schwierigsten zu lösenRuanda beschuldigt nun Uganda, ihm feindlich gesinnte Rebellen zu unterstützen, während Uganda Ruanda beschuldigt, ein Netz von Spionen in seinen Institutionen und seiner Armee zu unterhalten. Diese Vorwürfe haben Anfang 2019 zur Schließung der Landgrenze geführt. Einst waren die beiden Länder Verbündete, doch nun herrscht zwischen ihnen ein verstärktes Misstrauen, und ihre Rivalität bleibt trotz eines im August 2019 unterzeichneten Abkommens zur Entspannung der Lage im Ostkongo im Hintergrund der Konflikte. Da ein Großteil der ugandischen Goldproduktion aus Kivu stammt, ist einer der Gründe für diese Rivalität der Wettbewerb um kongolesisches Erz. Und wie kann Uganda den Bau von Straßen in der Demokratischen Republik Kongo akzeptieren, wenn es in seinem Land nur schlammige Straßen gibt? Am 25. Oktober 2019 weigerte sich der Befehlshaber der UPDF-Bodentruppen, ein Abkommen über gemeinsame Militäroperationen mit Ruanda und Burundi gegen in der Demokratischen Republik Kongo operierende Rebellengruppen zu unterzeichnen. Der Grund für die Verweigerung war, dass dies der ruandischen Armee erlaubt hätte, in kongolesisches Gebiet nahe der ugandischen Grenze vorzudringen.Am 9. November 2019 zerstörte die FARDC jedoch fünf operative Stützpunkte der in Uganda ansässigen Rebellengruppe ADF... Wenige Tage nachdem Museveni sich mit Präsident Felix Tshisekedi getroffen hatte, um ihn davon zu überzeugen, den Aufschub einer Klage vor dem IGH zu akzeptieren und im Gegenzug mit der UPDF bei der Neutralisierung der ADF zusammenzuarbeiten: Nicht umsonst sind Ruanda, Monusco und die DRK davon überzeugt, dass Uganda den Mitgliedern der ADF Zuflucht bietet.Trotz eines Treffens zwischen Museveni und Kagame im Februar 2020 in Luanda ist die Situation immer noch nicht gelöst. Das Risiko von Kämpfen zwischen den ugandischen und ruandischen Streitkräften ist jedoch sehr gering, solange sie nicht beide im Osten der Demokratischen Republik Kongo stationiert sind: Beide Präsidenten wissen, welchen Schaden ihre Armeen sich in einem offenen Krieg gegenseitig zufügen könnten.Diese Situation zeigt, dass die Demokratische Republik Kongo ebenso wie die kongolesischen Tutsi das Hauptobjekt der regionalen Konflikte ist. Letztere sind Opfer dieser Machenschaften der Nachbarländer. Wir können davon ausgehen, dass Ruanda die ugandischen Tutsi nutzen wird, um Uganda zu destabilisieren. In diesem Punkt hatte Ratzel recht.

Absatz 3: Besetzung von Gebieten der DRK

Indem die Demokratische Republik Kongo Ruanda ganz offiziell um die Stationierung ihrer Armee in Kivu bittet, gibt sie einen Teil ihres Territoriums, nämlich eben dieses Kivu, an Ruanda ab, das es so sehr begehrt. Das Regime von Paul Kagame, das "eingeladen" wurde, um Jagd auf die in Kivu lebenden Hutus zu machen, wird stets beteuern, dass die Aufgabe noch nicht abgeschlossen ist und seine Truppen die kongolesische Provinz nicht mehr verlassen werden. Diese wird de facto die 5. Provinz Ruandas werden, ein historischer Wendepunkt, der jeden Ruander, der sieht, dass die Expansion seines Landes mit geringem Aufwand zu bewerkstelligen ist, jubeln und vor Freude springen lassen sollte. Gleichzeitig sollten sich die Kongolesen, oder besser gesagt die Behörden in Kinshasa, die Hände reiben, weil sie sich eines Teils des Landes entledigt haben, der bis dahin all die Konflikte verursachte, die sie daran hinderten, in Ruhe zu regieren.Bei näherer Betrachtung werden jedoch beide Parteien wahrscheinlich enttäuscht sein. Was auf den ersten Blick wie ein Glücksfall aussieht, könnte sich in Wirklichkeit als ein vergiftetes Geschenk an Ruanda erweisen. Indem Kinshasa glaubt, sich der Last zu entledigen, die Kivu für es darstellt, schafft es einen Nährboden für alle ethnischen Spannungen, die sich auf das übrige kongolesische Territorium ausbreiten und auf lange Sicht das Verschwinden des Kongo als Staat bedeuten können.Die Vorherrschaft der Tutsi in Kivu, die mit dem Anschluss dieser Provinz an Ruanda erreicht zu sein scheint, kann keine Garantie für Stabilität in dieser Region sein. Im Gegensatz zu Ruanda wird Kivu von einem Dutzend ethnischer Gruppen bewohnt - darunter auch kongolesische Hutus, die allzu oft vergessen werden -, deren Zusammenleben nicht im Sinne einer Vorherrschaft der einen über die anderen verstanden werden kann. Die Tutsi haben Kivu annektiert, und die anderen ethnischen Gruppen haben sich ohne mit der Wimper zu zucken der Tutsi-Herrschaft unterworfen. Wir sind also weit von der Befriedung des Ostens der Demokratischen Republik Kongo entfernt, die im Gegenzug für die Abtretung von Kivu an Ruanda von Paul Kagame angestrebt wird, denn das von Paul Kagame verkörperte Regime ist nicht von Dauer. Seine Nachfolger werden eine Situation erben, in der Demütigungen, Hass und Misstrauen zwischen Ruandern auf der einen und kongolesischen Volksgruppen auf der anderen Seite so viel Schaden angerichtet haben, dass es mehrere Generationen dauern wird, bis das Vertrauen wiederhergestellt ist und somit ein friedliches Zusammenleben gewährleistet ist. Dies könnte in der Tat bestimmten Kriegsherren, die den ethnischen Gruppen angehören, die sich bis in die Nachbarländer der DRK erstrecken, einige Anregungen geben, solange sie von der Unterstützung dieser Länder profitieren. Nach diesem Szenario ist die Zerstückelung des Kongo gesichert. Nachdem es den Behörden in Kinshasa nicht gelungen ist, ihre Autorität in Kivu durchzusetzen, sondern sie vielmehr Ruanda auf dem Silbertablett serviert wurde, scheinen sie ein Kreuz auf den einheitlichen Kongo gemacht zu haben: Es scheint uns, dass alles, was in Kivu geschieht, das Ergebnis einer geschickt koordinierten Eroberungsstrategie einerseits und des legendären Opportunismus einer bestimmten politischen Klasse andererseits ist, aber auf jeden Fall weder im Interesse der ruandischen Bevölkerung noch der Kongolesen. Die Folgen dieser Fehlkalkulationen werden die Bevölkerungen der Region der Großen Seen schwer und für lange Zeit treffen123.

Abschnitt 3: Perspektiven

Absatz 1: Nicht-Integration der Tutsi

Seit dem Sturz von Mobutu bis heute herrscht überall im Osten der Demokratischen Republik Kongo ein Klima der Ungewissheit. Die ehemalige FAR und die Interahamwe-Milizen haben sich militärisch neu organisiert, um Ruanda zurückzuerobern. Sie finanzieren sich durch die Ausbeutung von Holz und Bodenschätzen in den von ihnen kontrollierten Gebieten und durch die Erhebung von Steuern entlang der Handelswege und in der Nähe der Märkte. Die FDLR arbeiten mit einigen kongolesischen "einheimischen" Milizen zusammen und haben die FaRDC bei der Bekämpfung der "einheimischen" Milizen unterstützt. Tutsi-Rebellen. Die "Tutsi"-Aufstände, die nacheinander vom Congrès national pour la défense du peuple (CNDP) und der Mouvement du 23 mars (M 23) angeführt wurden, wurden mit der Notwendigkeit begründet, die Tutsi-Bevölkerung der Demokratischen Republik Kongo zu schützen, deren Sicherheit und wirtschaftliche Interessen durch die FDLR und die "einheimischen" Milizen bedroht würden. Mit Hilfe Ruandas gelang es General Laurent Nkunda, eine 7 000 Mann starke Armee aufzubauen, die 2008 die

FDLR besiegte und ein Drittel der Gebiete von Masisi und Rutshuru unter ihre Kontrolle brachte. Am 23. März 2009 unterzeichnete die Regierung der DRK ein Abkommen mit dem CNDP, um dessen Existenz als militärisch-politische Bewegung zu beenden. Beide Parteien einigten sich darauf, eine rasche Rückkehr der Flüchtlinge aus dem Ausland zu organisieren. Aus Unzufriedenheit über die Nichtumsetzung dieses Abkommens begannen ehemalige CNDP-Mitglieder eine Rebellion, die im Oktober 2013 endete. Die "einheimischen" Milizen wurden gegründet, um sich selbst zu verteidigen und die lokale Bevölkerung zu schützen. Ihre Motivation ist die totale Ablehnung von "Ausländern", insbesondere der Tutsi "Banyarwanda". Die aktivsten sind die so genannten Maï Maï, die sich in zwei Gruppen aufteilen: einerseits die Nande in den Gebieten Lubero und Beni, die mit den Allied Democratic Forces (ADF), einer ugandischen Rebellion, sympathisieren, und andererseits die Hunde und Nyanga in Walikale und Masisi, die mit der FDLR im Bunde sind. Im Jahr 2007 wurde die Koalition der kongolesischen patriotischen Widerstandskämpfer (PARECO) eigens zum Kampf gegen die CNDP gegründet124 .

Absatz 2: Das große Ruanda (ruandischer Grandismus)

Ruanda ist eines der wenigen Länder in Afrika, das seit der Geschichte politisch organisiert ist. Sein heutiges Territorium ist kleiner als das des ehemaligen Königreichs Ruanda, und dies prägt auch heute noch die Wahrnehmung und die Diskussionen über die ruandische Nationalität.Der Name Ruanda bedeutet "großes Gebiet". Dieser Name rührt von der Geschichte der Eroberungen und der Annexion von Land unter der Führung des Mwami, des Königs, der damals die höchste Autorität war. Der Mwami führte ein Feudalsystem ein, in dem seine Untertanen als Eigentümer des ruandischen Landes und damit als Ruander galten. Während der Herrschaft des Königs wuchs Ruanda auf das Dreifache seiner heutigen Größe an,125 so dass die Bevölkerung der eroberten Länder zu Ruandern wurde.126Unsere Nachforschungen haben ergeben, dass diese Annexionen nördlich des Albertsees Hunderte von Kilometern in das heutige Uganda, westlich der Region Rutshuru Hunderte von Kilometern in die heutige Demokratische Republik Kongo und südlich bis zum größten Teil der heutigen Provinz Kagera in der Vereinigten Republik Tansania reichten.127 Die letzte Phase der territorialen Expansion und Konsolidierung wurde in der zweiten Hälfte des neunzehnten Jahrhunderts unter der Herrschaft von Mwami Kigeri Rwabugiri erreicht.128 Die letzte Phase der territorialen Expansion und Konsolidierung wurde in der zweiten Hälfte des neunzehnten Jahrhunderts unter der Herrschaft von Mwami Kigeri Rwabugiri erreicht.128In dieser Zeit wanderten Hunderte von Ruandern auf der Suche nach grüneren Weiden oder Arbeit in die Nachbarländer aus, während sich Ausländer aus Burundi und der Demokratischen Republik Kongo sowie Händler aus asiatischen Ländern wie Indien, Oman und Libanon in Ruanda niederließen und nie in ihre Herkunftsländer zurückkehrten.[129]Wie alle anderen afrikanischen Gebiete wurden auch die heutigen Grenzen Ruandas nach der Berliner Konferenz von 1884-1885 festgelegt. Am Ende dieser Konferenz wurde Ruanda eine deutsche Kolonie. Im Jahr 1910 einigten sich die Kolonialmächte in der Region, nämlich die Belgier, die Briten und die Deutschen, darauf, die Grenzen zwischen Ruanda, Uganda und Belgisch-Kongo anzupassen, was zu den heutigen Grenzen dieser Staaten führte. Nach diesen Änderungen wurden Tausende von Menschen, die zumindest die vorkoloniale ruandische Staatsangehörigkeit besaßen, aufgrund früherer Annexionen der ruandischen Gerichtsbarkeit entzogen und wurden Bürger der benachbarten Kolonien. Die meisten dieser Menschen leben im Südwesten Ugandas, im Osten der Demokratischen Republik Kongo und im Westen Tansanias130. Nach der Niederlage Deutschlands im Ersten Weltkrieg erklärte der Völkerbund Ruanda zu einem belgischen Untermandatsgebiet, und dieses Mandat wurde zu einer Treuhandschaft, als der Völkerbund 1946 in die Vereinten Nationen umgewandelt wurde. Die Belgier verfolgten eine Politik des Paternalismus, in deren Rahmen die Bevölkerung des Landes als Kinder Belgiens betrachtet wurde, für die alles getan werden musste131. Bei der Förderung dieser Politik dehnten die Belgier in Ruanda ihre Verwaltungspraktiken aus, wie z. B. das auf dem Personalausweis basierende Zugehörigkeitssystem, das von den Menschen allgemein als "Ibuku" bezeichnet wurde und das dazu diente, ethnische Unterschiede zu ¦instrumentalisieren¦, was zum Völkermord von 1994 führte. Als die belgische Kolonialzeit endete und Ruanda sich auf die Unabhängigkeit im Jahr 1962 vorbereitete, brach ethnische Gewalt zwischen den beiden wichtigsten ruandischen Volksgruppen aus. Die Hutus, die hauptsächlich Bauern sind, werden mit der Minderheit der Tutsi, die traditionell Hirten sind und mit der herrschenden Klasse verwandt sind, darüber streiten, wer nach der Unabhängigkeit den Staat übernehmen wird. Im Jahr 1959 führte diese Gewalt zur Flucht des letzten Königs von Ruanda und Tausender seiner Gefolgsleute. Schätzungen zufolge flohen mehr als 400 000 Ruander, hauptsächlich Angehörige der Volksgruppe der Tutsi, und blieben fast 35 Jahre lang im Exil, so dass die politische Macht in Ruanda in den Händen der Hutu-Mehrheit lag. Diejenigen, die der Gewalt von 1959 entkommen waren, begannen, sich für eine eventuelle Rückkehr zu mobilisieren. Mitte der 1960er Jahre unternahmen Tutsi-Guerillakräfte Versuche, die Kontrolle über Ruanda wiederzuerlangen, und wurden sofort von den "Inyenzi" besiegt. Gegen Ende der 1980er Jahre gab es erneut Bestrebungen für eine starke Rückkehr nach Ruanda, die im so genannten Befreiungskampf organisiert wurden. Dieser begann am [1.] Oktober 1990 und endete im Dezember 1994 mit einem Sieg der RPF.

Absatz 3: Unfähig zur Integration

Um Deutsch zu paraphrasieren, ist das Hauptziel der Integration daher die Schaffung einer Sicherheitsgemeinschaft, die die kollektive Sicherheit der Staaten gewährleistet132 . Diese Sorge um die kollektive Sicherheit veranlasste Burundi, Ruanda und Zaire am 29. August 1966 zur Unterzeichnung eines Abkommens über Sicherheitskooperation, um den Frieden in der Region zu gewährleisten. Bei den folgenden Treffen zwischen den verschiedenen Staatchefs war die Sicherheit das Hauptthema. So trafen sich die Staatschefs am 20. März 1967, einige Monate nach der Unterzeichnung dieses ersten Sicherheitsabkommens, zur Unterzeichnung einer gemeinsamen Erklärung, der so genannten Erklärung von Goma. In dieser Erklärung verpflichteten sie sich, einander regelmäßig zu konsultieren und sich gegenseitig alle Informationen über die Aufrechterhaltung der Sicherheit in ihren jeweiligen Ländern zu übermitteln. Bei diesem Treffen wurde die Dreiergruppe gegründet, ein weiterer Meilenstein auf dem Weg zur späteren CEPGL. Das Abkommen vom 21. Juni 1975 ergänzte die bereits bestehenden Abkommen, die stets von der Sorge um die Sicherheit motiviert waren. Es weitet das Verbot der Errichtung rückwärtiger Militärstützpunkte auf die verschiedenen Gruppen aus, die die äußere oder innere Sicherheit eines Mitgliedslandes bedrohen könnten, und zielt darauf ab, ein dauerhaftes Klima des Vertrauens zu schaffen, das der Zusammenarbeit und der Aufrechterhaltung friedlicher und freundschaftlicher Beziehungen zwischen den Ländern förderlich sein soll.133 Das Abkommen wird im Juni 1975 unterzeichnet.Aber seit dem Abgang der Regime, die die Integration begünstigten, wollten die Nachfolger eine andere Gemeinschaft bilden, die derjenigen ihrer Vorgänger sehr entgegengesetzt ist. Zum einen, weil in Ruanda die Hutu, die die Mehrheit bilden, seit 1994 nicht mehr an der Macht sind, und zum anderen, weil es in einer friedlichen Demokratie utopisch ist, dass ein Tutsi Präsident der Republik Ruanda werden kann, da die Tutsi nur 15 % der Bevölkerung ausmachen. Hier besteht die einzige Lösung darin, zu versuchen, die anderen zu provozieren, indem man Unsicherheit sät, um sich als Opfer zu fühlen.

SCHLUSSFOLGERUNG

Unsere Arbeit konzentrierte sich auf "Regionale Fragen der kongolesischen Tutsi-Nationalität: Ein Essay über die Beziehungen zwischen der DRK, Ruanda und Uganda". Das Hauptanliegen unserer Untersuchung ist es, ein umfassendes Verständnis der regionalen Probleme im Zusammenhang mit der Nationalität der kongolesischen Tutsi zu erlangen. Die Konflikte, die in den letzten drei Jahrzehnten im Osten der Demokratischen Republik Kongo ausgetragen wurden, haben zu einer sehr ernsten Instabilität in der gesamten Region der großen Seen geführt. Diese Situation provoziert eine beispiellose Krise, bis zu dem Punkt, an dem man sich fragt, wer für wen kämpft. In jeder geopolitischen Situation gibt es immer einen Scheiterhaufen, hinter dem die Akteure aufeinandertreffen und ihre Ansprüche begründen. Aber in der Situation im Osten des Landes scheinen die Einsätze verstreut zu sein und jeder Akteur scheint sein Ziel zu erreichen, ohne die Ziele des anderen zu verhindern. Wenn es also eine Frage gibt, die in der Mitte aller Akteure zu liegen scheint, dann ist es offensichtlich die Frage nach der Nationalität der kongolesischen Tutsi. Sie steht im Mittelpunkt der Kämpfe zwischen den lokalen Selbstverteidigungsgruppen und den kongolesischen Tutsi-Milizen, die häufig von Ruanda und Uganda unterstützt werden. Die einheimischen Gruppen leugnen die Nationalität der Tutsi, während die Tutsi weiterhin um die Anerkennung ihrer Nationalität kämpfen. Die Nationalität der kongolesischen Tutsi ist im Lande ziemlich peinlich. Ihre Lage ist nach wie vor sehr prekär und dynamisch, was dazu führt, dass die Nachbarländer eingreifen, um die Marginalisierung dieser kongolesischen Bevölkerung zu verhindern und von diesem Chaos zu profitieren, indem sie diese Bevölkerung als trojanisches Pferd benutzen, um den im Kongo versteckten ruandischen Völkermörder anzugreifen. Aber obwohl diese Tutsi in ihrem Recht als Kongolesen regularisiert wurden, bleibt ihr Status als Kongolesen bis heute sehr fragil und sehr leicht von rivalisierenden ethnischen Gruppen oder von Politikern zu instrumentalisieren. Die Nationalität ist ein Bindeglied, das den Einzelnen mit einem bestimmten Staat verbindet und ihm den Status eines Staatsbürgers dieses Staates verleiht. In der Tat ist festzustellen, dass jeder Staat in seinem eigenen Namen die Bedingungen für den Erwerb und den Besitz der Staatsangehörigkeit festlegt. den Verlust der Staatsangehörigkeit der Personen, die seiner Souveränität unterstehen. Dabei handelt es sich im Prinzip um eine ausschließliche Zuständigkeit, in deren Ausübung ein anderer Staat nicht eingreifen kann. Unsere Untersuchung bestand in einer geopolitischen Analyse der Verwicklung Ugandas und Ruandas in die Nationalität der kongolesischen Tutsi. Dieses

Analyseraster hat uns zu der Frage geführt:

- Warum sind Ruanda und Uganda an der Nationalität der kongolesischen Tutsi interessiert?

- Welche Folgen hat die Beteiligung Ruandas und Ugandas an der Frage der Nationalität der kongolesischen Tutsi für die regionale Integration?

Daher haben wir vorläufig angenommen, dass :
- Denn Ruanda und Uganda sehen in der Nationalität der Tutsi ein Mittel zur Rechtfertigung ihrer Aktionen zur Destabilisierung der Demokratischen Republik Kongo;
- Die Beteiligung Ugandas und Ruandas an der Frage der Nationalität der Tutsi hätte politische, wirtschaftliche und sicherheitspolitische Folgen.

Mit der Durchführung dieser Studie verfolgen wir einerseits ein Hauptziel und andererseits ein spezifisches Ziel. In erster Linie zielt diese Studie darauf ab, eine geopolitische Analyse zur Nationalität der kongolesischen Tutsi in der Region der Großen Seen durchzuführen.

Ausgehend von diesem Hauptziel verfolgen wir im Folgenden drei spezifische Ziele: die Gründe zu erläutern, die Ruanda und Uganda dazu veranlassen, sich für die Nationalität der kongolesischen Tutsi zu interessieren; aufzuzeigen, wie die Nationalität der Tutsi zu einem regionalen Thema wird, und die Zukunftsperspektiven rund um die Frage der Nationalität der Tutsi für die regionale Integration darzulegen.

Um unsere Hypothesen zu überprüfen, haben wir auf die geopolitische Methode nach dem Schema von Éric Mottet und Frédéric Lasserre zurückgegriffen. Die Methode der geopolitischen Analyse verlangt die Einhaltung mehrerer Etappen, die für das Verständnis eines bestimmten Einsatzes absolut notwendig sind.

Für die Datenerhebung haben wir die dokumentarische Technik verwendet, die es uns ermöglichte, eine große Anzahl von Dokumenten zum Thema schriftliche Dokumente zu verwenden. Für die Datenverarbeitung verwendeten wir die Technik der Inhaltsanalyse.

In Anbetracht dessen ist dieses Papier nach der Datenerhebung und -analyse zu den folgenden Ergebnissen gekommen: Ruanda und Uganda sind aus historischen, sicherheitspolitischen und identitätspolitischen Gründen an der Nationalität der kongolesischen Tutsi beteiligt. Historisches zur alten Rivalität in Ruanda. Sicherheit, um die ugandischen und ruandischen Rebellen zu stabilisieren und Identität, durch die Konflikte zwischen den Tutsis und Hutus.

Aber auch andere Themen, die mit ihrer Außenpolitik übereinstimmen. Dies zeigt, dass unsere Hypothese bestätigt und bekräftigt wurde. Angesichts der Verwicklung Ruandas und Ugandas in die Nationalität der kongolesischen Tutsi wird dies die regionale Integration und das friedliche Zusammenleben in der Region der Großen Seen erschweren. Ausgehend von diesem Ergebnis haben wir festgestellt, dass die kongolesischen Tutsi, obwohl sie Kongolesen sind, immer besondere Verbindungen zu anderen Tutsi haben, die sich in Ruanda aufhalten. Und die Beteiligung von Ruanda und Uganda begann erst, als Ruanda und Uganda pro-Tutsi-Führer hatten. Das Problem der Identitäten hat keine Grenzen, wie Huntington es beschreibt, ihre Grenzen sind nicht relativ zu den klassischen Grenzen der Staaten. Die geopolitische Methode zeigt die internen Akteure, d. h. die Tutsi, die ihre kongolesische Nationalität gegen andere ethnische Gruppen im Kongo geltend machen, unterstützt von Ruanda und Uganda. Unsere Forschung hat versucht, das Geheimnis der Nationalität der Tutsi zu lüften, aber wir haben uns auf Ruanda und Uganda beschränkt, obwohl das andere Land, das von der Frage der Tutsi betroffen ist, Burundi, angesichts der Mittel und der akademischen Anforderungen nicht im Mittelpunkt unserer Überlegungen stand. Wir geben zu, dass wir die Frage nach der Nationalität der kongolesischen Tutsi und die Verwicklung anderer Länder nicht sehr ausführlich behandelt haben. Aber wir bitten die zukünftigen Forscher, sich auch für die Frage der burundischen Verwicklung in die Nationalität der Tutsi zu interessieren; eine sehr konkrete Studie über die Möglichkeit der Schaffung eines Landes, das nur die Hema-Tutsi enthält, durchzuführen.

BIBLIOGRAPHIE

a) **Werke**

- André CABANIS, et al, Méthodologie de la recherche en droit international, géopolitique et relations internationales, AUF, Paris, 2014
- André DURIEUX, Nationalität und Staatsbürgerschaft, CI. Des sciences morales et politiques, Memoiren, N.S,
- Bronwen MANBY, Nationalität in Afrika, Paris, Karthala, 2011

- Charles Gabriel Seligman, Les Races de l'Afrique, Payot, Paris, 1935

- Chris Huggins, Land, Macht und Identität: The Root Causes of Violent Conflict in Eastern Democratic Republic of Congo, Building Peace, November 2010
- Claude VERRIER, Vokabular der Forschung, (unveröffentlicht)

- Dario Battistella, Théories des relations internationales, 4th ed. Aktualisiert und erweitert, Paris, Les Presses de Sciences Po, 2012.
- LASSERE F., et al, Handbook of Geopolitics: Machtfragen auf Territorien, 2. Auflage, ARMAN COLIN, Paris, 2016
- Georges-H. Dumont, La Table ronde belgo-congolaise (janvier-février 1960), Editions universitaires, Paris, 1960
- Gérald Prunier und Bernard Calas, L "Ouganda contemporain, Paris, Institut français de recherche en Afrique, 1994
- Gérard Prunier und Bernard Calas (Hrsg.), L'Ouganda contemporain, Paris, Karthala, 1994.

- GRAWITZ M. Forschungsmethoden in den Sozialwissenschaften, [2]. Dollaz. Paris 1986.

- H. De Page, Belgisches Zivilrecht, T.I, 2. Auflage, 1948, n°339

- Henry Kyemba, L "État sanguinaire sous le règne d "Amin Dada, Montreal, Stanké, 1977.

- Hubert, J.R., La Toussaint rwandaise et sa répression, Brüssel, 1965.

- HUNTINGTON, Samuel, The Clash of Civilizations, Odile Jacob, Paris, 1997

- Jean-Pierre Chrétien, L "Afrique des grands lacs. Zweitausend Jahre Geschichte, Paris, Aubier, Schilf. Champs Flammarion, 2000.
- KABUYA LUMUNA SANDO, Conflits à l "Est du Zaïre, Kinshasa, 1997, S. 80-81

- Lao Tseu, das Buch des Weges und der Tugend, Paris, 1842.

- Campenhoudt L., Manuel de recherche en sciences sociales, [4.] Auflage, Paris, Dunod, 2017.

- MACE, G., Guide d "élaboration d "un projet, Brüssel, De Boeck, 1991

- MBONYIKEBE D., Les conflits interethniques dans leur contexte historique et socio- anthropologue. Cas des populations de l "Itombwe au Sud-Kivu, Actes du colloque national de la société civile tenu à Kinshasa du 22 au 26 août 1994.

- MORFAUX L-M., J. LEFRANC, Vocabulaire de la philosophie et des sciences humaines, Armand Colin, Paris, 2007.

- Muzungu, B., Histoire du Rwanda Précoloniale, L "Harmattan, Paris, 2003

- MWAYILA TSHIYEMBE, Géopolitique de paix en Afrique médiane, Harmattan, Paris, 1995

- MWAYILA TSHIYEMBE, Refondation de nation et de la nationalité en RDC, Paris, l "Harmattan, 2007.

- Olivier Nay, lexique de science politique, [4.] Auflage, Dalloz, Paris, 2017, S.170

- P. AYMON, Traité de la " Nationalité " (Dalloz, Répertoire de Droit civil, T.III, 1953, n°1)

- P. LEREBOURS-PIGEONNIERE, Précis de Droit international privé, 1948, n° 49. §49

- Patrick DAILLET, Alain PELLET, Droit international public, LGDJ 2002, S. 455, Nr. 293.

- PM Couteaux, L "Europe vers la guerre, Paris, Michalon, 1997.

- Thomas Hobbes, Leviathan (1651), Paris, Sirey, 1971, S.123

- UNHCR, Staatsangehörigkeit und Staatenlosigkeit: Ein Handbuch für Parlamentarier, Handbuch für Parlamentarier Nr. 11 - 2005

- VERSTRAETE M., La nationalité congolaise (Brüssel, Königliche Akademie der Kolonialwissenschaften, 1959).

- WILLAME, J.-C., Banyarwanda und Banyamulenge, Paris, CEDAF-L "Harmattan,1997.

b) Zeitschriftenartikel

- AYMERIC CHAUPRADE, Was ist Geopolitik? clio voyages culturelles, September 2009, S.2
- B. Calas, "Les densités : introduction à la géographie de l "Afrique orientale ?", Espaces, Populations, Sociétés, 1999, n° 1, pp. 53-65.
- BALINGENE KAHOMBO, La protection des minorités ethniques en RDC. Entre rupture et continuité des ordres constitutionnels antérieurs, unveröffentlichter Artikel, UNIKIN
- Christine de Gémeaux DIE BERLINER KONFERENZ (S.26-29), DIE GRENZEN IN FRAGE,127|BIMESTERLY REVIEW|15 MÄRZ 2020
- Claude Prioul und Pierre Sirven, Atlas du Rwanda, Association pour l "Atlas des Pays de Loire, Ministère de la Coopération, 1981
- Eleanor Cashin Ritaine, Staatsangehörigkeit: Ein rechtlicher Überblick
- Emmanuel Neretse, Ruanda, DRK. Die Annexion von Kivu: ein Glücksfall oder ein vergiftetes Geschenk?
- Filip Reyntjens, The Second Congo War: More than a Reissue, Herodotus, Nr. 86-87, 1997, S. 57-77.
- Gérard Prunier, L "Ouganda et les guerres congolaises, in Politique africaine n° 75 - Oktober 1999, S.43-59
- HUNTINGTON, Samuel, "The Clash of Civilizations?", in Foreign Affairs, Vol. 72, no. 3, Sommer 1993, S. 22-49
- Jean-Pierre Chrétien, Dezember 1993-Februar 1994. Hommes et libertés n°75.
- Joseph Gahama, Une cinquantaine d "années de conflits et de violences dans la région des Grands Lacs africains, in Paix, sécurité et reconstruction post-conflit dans la région des grands lacs, S.9-28
- Kisangani, F. & Bobb, S. Historisches Wörterbuch der DRK, 2009, S. 23.
- Longman, T. Identity Cards, Ethnic Self-Perception and Genocide in Rwanda In Caplan, J. & Torpey, J. Documenting Individual Identity: The Development of State Practices in the Modern World, Princeton: Princeton University Press. 2011, p.347
- Mushemeza, E. (2003) Politics and the Refugee experience: Der Fall der Banyarwanda-Flüchtlinge in Uganda von 1959-1994, 2003, https://codesria.org'IMG'pdf
- MWAYILA TSHIYEMBE, Ambitions rivales dans l "Afrique des Grands Lacs, in L "ex- Zaïre convoité par ses voisins, Januar 1999, Seite 10 und 11
- MWEYANG AAPENGNUO C., Die Fehlinterpretation ethnischer Konflikte in Afrika, AFRICAN SECURITY BULLETIN, N° 4 / MAI 2010

- Newbury, D., "Bushi und die Historiker: Historiographische Themen in Ost-Kivu", Geschichte in Afrika, Bd. 5, 1978, 131-151.

- Newbury, D., Trick Cyclists? Neukontextualisierung der ruandischen dynastischen Chronologie. Geschichte in Afrika, Bd. 21, 1994, 191-217.

- Nkusi, L., 2010, "L "exacerbation ethnique dans les discours du président Grégoire Kayibanda (1963-1973)", in CNLG, Quinze ans après le génocide perpétré contre les Tutsi
-1994-2005): Herausforderung und Perspektiven, Kigali.

- REYNTJENS, F. und MARYSSE, S. (Hrsg.), Conflicts in Kivu: Background and Issues, Centre d'Etude pour la Région des Grands Lacs d'Afrique, 1996.

- REYNTJENS, F., "La rebellion au Congo-Zaïre, une affaire de voisins", Hérodote, n°. 86- 87, 1997, S. 57-77.

- REYNTJENS, F., "La rébellion au Congo-Zaïre : une affaire de voisins", in Hérodote, n°86/87, 3.-4. Quartal 1997, S.74.

- Rockel, S., The Tutsi and the Nyamwezi: Cattle, Mobility and the Transformation of Agro- Pastoralism in Nineteenth-Century Western Tanzania, Cambridge, Cambridge University Press, 2019, S.156

- Roland Pourtier, "Le Kivu dans la guerre: acteurs et enjeux" (Der Kivu im Krieg: Akteure und Probleme)

- Roland Pourtier, L "Afrique centrale dans la tourmente : les enjeux de la guerre et de la paix au Congo et alentour, in Tragédies Africaines (viertes Quartal 2003)

- Roland Pourtier, La guerre au Kivu : un conflit multidimensionnel, Afrique contemporaine n° 180, 1996, S. 15-38.

- Séverin MUGANGU et al, Rumeurs, Stéréotypes et Méfiances Intercommunautaires au Sud-Kivu in International Alert, Les Mots Qui Tuent : Rumeurs, préjugés, stéréotypes et mythes parmi les peuples des pays des Grands Lacs d "Afrique, S.16-28

- TRANCA, O. (2006), La diffusion des conflits ethniques : une approche dyadique. Revue Etudes internationales, Band 37, Nummer 4, Dezember 2006, S. 501-524

- Wang Jisi, "Konflikt der Zivilisationen: Theoretische Grundlagen und praktische Bedeutungen. Teil 1", Cultures & Conflicts, 19-20, Herbst-Winter 1995.

- Willame, J.C., 1994, "Le muyaga ou la " Révolution " rwandaise revisitée ", Revue française de l "histoire d "outre-mer, Band 81, S.305-319.

c) Kurs

- AGENONGA CHOBER, Internationales Privatrecht, unveröffentlichte Vorlesungsunterlagen, G3 RI, FSSAP, UNIKIS, 2019 - 2020.
- KADIEBWE MULONDA R., Internationale Beziehungen in Afrika, Kursnotizen, L1 RI, FSSAP, UNIKIS, 2020 - 2021.
- KIRONGOZI BOMETA M., Notes de cours d "histoire politique du Congo, G1 RI, FSSAP, UNIKIS, 2020 - 2021.
- LUKUSA MUBENGA D., Foreign Policy of the Democratic Republic of Congo, Kursnotizen, l1 RI, FSSAP, UNIKIS, 2020 - 2021.
- SALUMU VICTOR, Einführung in die Sicherheitsstudien, unveröffentlichter Kurs L1 RI (LMD), FSSAP, 2021 - 2022.
- SIMBA AKOKOLA J.F., Human Rights, course notes, G1 RI, FSSAP, UNIKIS, 2017-2018.

d) Rechtsinstrumente

- Bericht des Mapping-Projekts über die schwersten Verstöße gegen die Menschenrechte und das humanitäre Völkerrecht, die zwischen März 1993 und Juni 2003 in der Demokratischen Republik Kongo begangen wurden.
- Sammlungen von Urteilen, Gutachten und Beschlüssen des IGH, 1955.
- Entschließungen, die auf dem politischen Rundtischgespräch vom 20. Februar 1960 in Brüssel angenommen wurden,
- Gesetz Nr. 04/024 vom 12. November 2004 über die kongolesische Staatsangehörigkeit
- Gesetz Nr. 1972-002 vom 5. Januar 1972 über die zairische Staatsangehörigkeit
- Gesetz Nr. 1981/002 vom 29. Juni 1981 über die zairische Staatsangehörigkeit
- die Verfassung der Demokratischen Republik Kongo vom 1. August 1964
- Gesetz n°04/024 vom 12. November 2004 über die kongolesische Staatsangehörigkeit
- Die Resolution Nr. 2 des Brüsseler Runden Tisches
- Gesetz n°002 vom 5. Januar 1972 über die zairische Staatsangehörigkeit
- Gesetz Nr. 11/002 vom 20. Januar 2011 zur Änderung bestimmter Artikel der Verfassung der Demokratischen Republik Kongo vom 18. Februar 2006
- Gutachten des Interamerikanischen Gerichtshofs für Menschenrechte vom 19. Januar 1984

e) Diplomarbeiten, Dissertationen und TFC

- ALITRI TANDEMA F., Les relations entre la république démocratique du Congo et ses voisins après l'avènement de l'AFDL : Contraintes des enjeux géostratégiques et recherche d'une paix durable, D.E.A en droits de l'homme, 2005

- KABAMBA KAZADI B., interregionalite des pays des grands lacs africains : Elaboration d "un modèle d "intégration régionale en Afrique et son application à la région des Grands Lacs, PhD thesis, Universität Lüttich, F.D, 2010

- BUNA DECHUVI M., Minderheit und Nationalität in der Demokratischen Republik Kongo: der Fall von Banyamulenge, Dissertation, R.I, FSSAP, UNIKIS, Kisangani, 2014

- Gabriel GIRAUD, Das Szenario des Kampfes der Kulturen: kritische Analyse einer pseudowissenschaftlichen Theorie, Dissertation im dritten Studienjahr am Institut für politische Studien in Grenoble, 3. Juli 2012

- Léopold NTENZURUBANZA L., La guerre des grands lacs : pour qui et contre qui ? l "après-guerre en Afrique des grands lacs, des stratégies pour une paix réelle et durable, Sherbrooke, 15 Mai 2001

- MADIGO EKANGBENZA C., Les relations transnationales et le rôle des ethnies dans les rapports interétatiques dans la région des Grands lacs : cas des tutsi de 1990 à 2012, Mémoire, SPA, FSSAP, UNIKIS, 2012 - 2013

- MATUMAINI SAUSY E., La question Banyarwanda du local au national : une problématique nouvelle en RDC, Dissertation in spa, UNIKIS, 2004

- MPIANA KALOMBO O., La problématique de la nationalité sur le plan international. "Cas des populations rwandophones vivant en RDC", Mémoire, RI, UNIKIN, 2011

- MUZINGA LOLA N., Ethnische Konflikte und Identitätsprobleme im Osten der Demokratischen Republik Kongo: der Fall der Banyamulenge, Université de Sherbrooke, FTEP, Sherbrooke, September 2001

f) Webographie

- http://dictionnaire-academie.fr/article/A9E1669

- http://www.ethnonet-africa.org/pubs/rdcint1.htm

- https://fr.m.wikipedia.org/wiki/Tutsis

- https://www.iwacu-burundi.org/eac-karibu-rdc/#Analyse_%C2%AB_Was_defis_a_relevé_%C2%BB

- https://www.nutcache.com/fr/blog/Différence-entre-enjeux-et-objectifs-:-comment-la-faire/

INHALTSVERZEICHNISSE

ANHÄNGE

1. Karte der Republik Ruanda

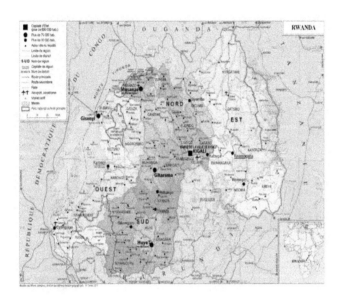

2. Karte der Republik Uganda

3. Karte der Demokratischen Republik Kongo

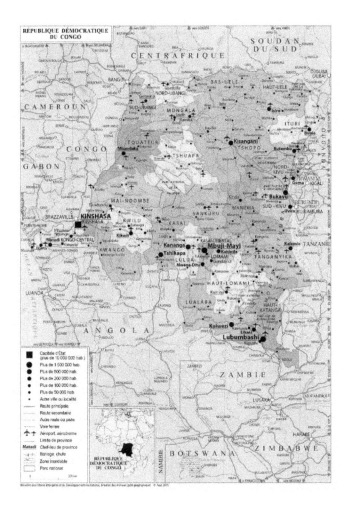

4. Der Angriff auf Ruanda und Uganda

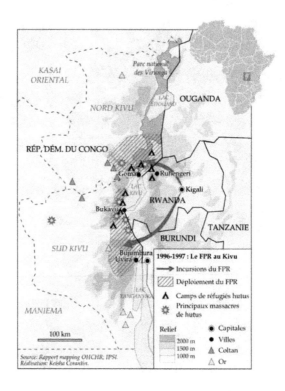

5. Der von den Hutus begonnene Weg

9 786205 720691